巴黎
百年老店

不平凡的故事

[韩] 金誉霖 著
赵莹莹 译

华中科技大学出版社
http://www.hustp.com
中国·武汉

图书在版编目（CIP）数据

巴黎百年老店 /（韩）金誉霖著．赵莹莹译．—武汉：华中科技大学出版社，2016.1
 ISBN 978-7-5680-0572-2

Ⅰ.①巴… Ⅱ.①金… ②赵… Ⅲ.①老字号—介绍—巴黎 Ⅳ.① F279.561

中国版本图书馆 CIP 数据核字（2015）第 007781 号

湖北省版权局著作权合同登记　图字：17-2015-162 号

파리상점：100년 혹은 오래된 역사를 지닌 상점들의 사적 이야기
巴黎百年老店
Copyright © 2012 by MINDPRINTING
All rights reserved.
Original Korean edition was published by 2012 by MINDPRINTING
Simplified Chinese Translation Copyright © 2016 by HuaZhong University of Science and Technology Press Co., Ltd.
Chinese translation rights arranged with 2014 by MINDPRINTING
through AnyCraft-HUB Corp., Seoul, Korea & Beijing Kareka Consultation Center, Beijing,China.

巴黎百年老店
Bali Bai Nian Laodian

[韩] 金誉霖　著　赵莹莹　译

策划编辑：	白　雪
责任编辑：	高越华
封面设计：	傅瑞学
责任校对：	九万里文字工作室
责任监印：	周治超
出版发行：	华中科技大学出版社（中国·武汉）　电话：(027) 81321913
	武汉市东湖新技术开发区华工科技园　邮编：430223
录　　排：	北京嘉泰利德科技发展有限公司
印　　刷：	北京联兴盛业印刷股份有限公司
开　　本：	880mm×1230mm　1/32
印　　张：	8.375
字　　数：	155 千字
版　　次：	2016 年 12 月第 1 版第 2 次印刷
定　　价：	36.00 元

本书若有印装质量问题，请向出版社营销中心调换
全国免费服务热线：400-6679-118，竭诚为您服务
版权所有　侵权必究

序言

巴黎老店，
专属巴黎的故事

为了学习法国传统金箔复原技术，我暂居巴黎，每日往返于家与金箔匠人的工作室。在前往巴黎11区的地铁上，经常能看到一些免费报纸，上面满是当地新闻、演出信息、景点介绍等。嘈杂的地铁中，巴黎的各种姿态一幕幕从眼前掠过，对于渴望体验巴黎每一点滴的异乡人而言，这些无异于一场甜蜜的诱惑。

一天，报纸上登载了一篇关于巴黎著名商业通道（一种有拱廊的商业街道，英文叫 arcade 或 passage）的专题介绍。古朴的相片配以"古代贵族所钟爱的购物场所"等文字说明，瞬间激发了我的兴趣。于是下课后就顺着报纸上的介绍找了过去。虽然入驻商街的大部分店铺内部都已经过重新修缮，但宽敞的走廊和为数不多的几家商铺中依然清晰可见的是200余年的历史痕迹。我细细体味老店所散发的古朴味道，慢慢在此踱步。不记得走了多久，回过神时竟然已经走过了三条街道。面对倾泻而至的阳光和嗡嗡的机动车声，我呆滞在原地好一会儿，怀疑自己是不是像梦游仙境的爱丽丝一样掉进了某个树洞？回头望向刚刚走出的商街入口，那里依然停留在18世纪……

为了确定自己不是陷入了幻觉，我仔细地浏览商业街入口以及周边建筑，发现了一家深绿色的老店。这家店铺上写着"depuis 1761"，创立于1761年，是一家经营巧克力和各色糖果的店铺，法语读作"孔匹兹利"，历经250年传承下来的店铺本身就是一段鲜活的巴黎历史。买下几块当日制作的巧克力，在回家的路上放入嘴里慢慢咀嚼，内心的感动就好像在著名博物馆或美术馆看到了心仪的历史遗物，不，是比这更深的感动。

在准备与巴黎有关的旅行书籍时，我的脑海中又浮现出那天的场景。在传统被完好保留的巴黎，坐落着众多历史悠久的店铺。悠长的历史既是他们的骄傲，也是巴黎历史长河中的一部分。本书介绍了多家百年老店背后的故事，其中有世代相传的手套定制品牌迈松·法布尔，有毕加索常常光顾的卖颜料的店铺，还有的店所在的建筑本身就是一桩鲜活的历史遗迹，已经作为文化遗产得到认证。我虽不是什么历史学家或社会学家，但还是想搜集它们的故事，将我所感受到的特别的巴黎呈现给大家。

在走访过众多老店后，我走在街头，举目望见了埃菲尔铁塔。以前我不明白，为什么这座明明与传统铁塔没什么区别的建筑会成为人们追求浪漫与梦想的代名词。现在看来,在这些人心中,埃菲尔铁塔所代表的应该不仅仅是一座塔,还是他们执著追求完美人生的骄傲和信念。

如果有一天,读者朋友们有机会前往巴黎,我真心推荐大家来一场古老店铺的旅行。历经岁月洗礼、被巴黎大爱环绕的它们,会为您原封不动地展现最巴黎的一面。

好了,让我们走进巴黎的这些故事,开始愉快的旅程吧。

2012年2月

金誉霖

目录

011 搭配香奈儿、爱马仕的高端定制
迈松・法布尔

023 挑剔的法国厨师钟爱的厨具专卖店
阿・得伊朗

035 让法国品牌名声远扬的烘焙用品
莫拉

045 全欧洲人都爱的酒浸蛋糕（Baba cake）鼻祖
施特雷尔

057 指尖触碰的巴黎味道
乌尔特拉莫德

071 沁人心脾的东洋芬芳，世界著名红茶品牌
玛丽亚乔

085 渗透巴黎近现代史的食品杂货店
阿拉维尔德·罗德兹

095 让料理风味锦上添花的最佳橄榄油
阿·洛勒维尔

105 法国奶酪的神话
安德鲁埃

119 落雨的巴黎市中心，有一家小小雨伞店
西蒙

129 留存着巴黎艺术家气息的画室
申内利尔

143 玛丽・安托瓦内特迷恋的巧克力
黛堡嘉莱

157 朱勒・拉维罗特所建的新艺术派代表建筑
柯蒂娜药房

169 寻找巴黎丢失的红酒香
奥革

181 甜蜜的诱惑，巧克力商店
忧郁的猫咪

183 口感柔软丰富的鹅肝酱专卖店
瓦莱特

185 嵌入口中的奢侈，可爱的马卡龙
拉杜丽

197 超级流行的酱料品牌
马利

199 凝聚了巴黎人甜蜜回忆的蜂蜜商店
蜂蜜之家

209 公爵夫人的小小巧克力箱子
糖果盒子

219 美丽的她喜爱的秘密化妆水
德塔耶

227 巴黎美食家和艺术家钟爱的食品商店
家母甜点

243 黑白照片般凝结了时间的五金店
阿拉普罗维登斯

253 挽救逝去历史的工艺品修复工具店
拉韦迪尔

266 致谢

搭配香奈儿、爱马仕的高端定制

迈松·法布尔（Maison Fabre）
depuis 1924

闲暇时，我喜欢徘徊在巴黎街头，探寻这里的古老店铺。第一次发现迈松·法布尔时，看到那些精致的手套陈列在典雅的巴黎皇家宫殿拱形门内的橱窗里，沐浴着清晨的阳光，我便再无法移开自己的眼睛。五彩斑斓的颜色、简约优雅的设计、高端的品质、典雅的外形，几乎具备了所有优点。隐藏在手套间的小字"Depuis 1924"告诉人们这是一家历史悠久的店铺。不经意间，欣喜的笑容浮上脸庞。

– 128/129，Galerie de Valois Jardins du Palais Royal 75001 Paris
– Métro 1，7号线 Palais Royal Musée du Louvre
– tél 33.[0]1.42.60.75.88
– www.maisonfabre.com
– 周一至周六 11：00~19：00

早春的清晨,巴黎的街头略显冷清。今天我打算去位于巴黎中心 1 区卢浮宫博物馆附近的皇家宫殿(Palais Royal)逛逛。巴黎的行政区划按"1 区""2 区"划分,类似韩国的"中区""钟路区""江南区"。巴黎从 19 世纪开始以"区"作为行政区划单位,沿袭至今。

面积大约为首尔 1/4 的巴黎从最中心的 1 区开始,共 20 区,以蜗牛壳的形状向外放射,广为人知的景点、遗迹、博物馆等都集中在中心区域,因此数字越小的区域越是著名的观光中心。而皇家宫殿的知名手套店铺"迈松·法布尔"则位于中心的中心。

因为想留出足够的时间欣赏这些手套,我故意比约定的时间早到了一会儿。用层次丰富的色彩、优质的羊皮、圆润的线条、类似手工折纸风的外观装点出的优雅精致感,让人一眼就能感受到作品的不凡。

好奇手套的穿戴感是否也如其外表一般完美,我忍不住请求店员让我试戴几个心仪的款式。效果甚为惊喜,手套好似私人订制一般,恰好地贴合了每根手指。皮质十分柔软,反复握拳、张开手掌也没有紧绷感。伸进手指后,手套的线条更显生动,瞬间自己的手也变得优雅起来。

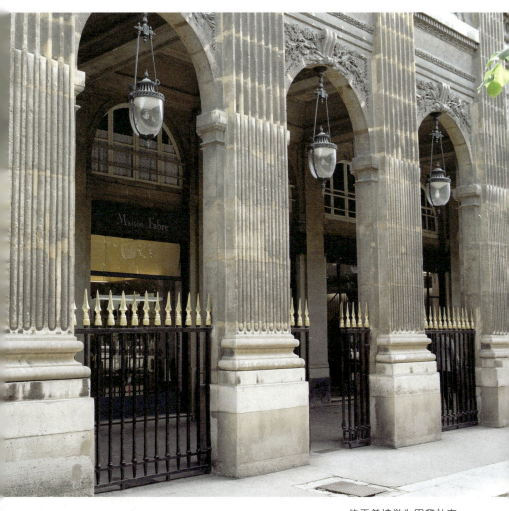

位于曾被誉为巴黎社交界中心的皇家宫殿的迈松·法布尔。

在我感叹众多精美手套的时候,主人奥利维亚先生来到了店里。不知道他是不是注意到了我试戴手套时的欣喜表情,竟然热情地为我拿出了一副不多见的手套。我接过后,看到手套只有手指的部分,很是新奇。这款据说在巴黎享有很高人气的手套佩戴时十分服帖,同时提升了优雅的感觉,很适合搭配凸显女性魅力的服饰。另外一副由大量野马毛制成的手套,内里嵌有柔软的羊绒,虽然只覆盖了手背的部分,却也不失温暖,同时手指可自由活动,非常方便。独特的设计感又兼顾实用性,让这款手套魅力十足。

迈松·法布尔的手套不仅设计独特,真正佩戴起来也兼具优雅的气质与舒适的质感。

迈松·法布尔是法国手套最具代表性的品牌。作为一家传承了三代的企业，现在真正制作手套的是创始人艾蒂安·法布尔的孙辈及法国南部米洛地区的一群手工匠人。

"手套的制作分为裁剪、缝制、收尾三个阶段。看起来简单的过程中包含着沉淀了长达90年的传统匠人的精湛工艺，配以最优秀的皮质，才有了你看到的这些上好工艺品。"

身为企业第三代传人的奥利维亚先生一直将精湛的工匠技艺视为整个工艺流程的重中之重。从他的言语中，我

听得出他作为这家企业继承人的强烈自豪感。

迈松·法布尔工作室所在的米洛地区在很久以前就盛产优质羊皮，进而以手套产地而闻名。1924年，移居至此的艾蒂安·法布尔创立了迈松·法布尔这一品牌，当时主要生产婚礼上新人们佩戴的手套。得益于米洛地区羊皮的上好品质，迈松·法布尔手套很快为周边地区的人们所知。1945年其夫人罗兹参与经营，自此开启了繁盛时期。

罗兹·法布尔夫人凭借其敏锐的艺术嗅觉参与了产品的开发，其间与伊夫·圣·洛朗、爱马仕等高端定制品牌的合作将迈松推向了全盛期。在当时，手套被认为是时尚不可或缺的代表元素之一，所以迈松不仅在法国境内受到大家认可，还远销世界各地。就这样，她将丈夫位于村庄里的小手工作坊壮大成为拥有350名员工的家族企业。我自然是没有见过她本人，但手上戴着最新款的法布尔手套，脑海中不自觉就开始勾勒起积极投身家族事业的法布尔夫人的样子。

1970年，他们的儿子路易正式继承迈松·法布尔。当时，手套作为时尚元素的认知已经开始弱化，而只生产高端时尚手套的迈松·法布尔也因此陷入了前所未有的危机。在企业深陷

1924年创立的迈松·法布尔·始于因羊皮而闻名的米洛地区,保留了一群技艺精湛的匠人。

困境之际,路易做了一个大胆的决定,即不再仅仅专注于高端时尚领域,而是更多考虑到手套本身的功能。

于是他们开始生产警察局、消防队专用的功能性手套,迈松·法布尔也就此突破危机,再次站了起来,成为相传三代的家族企业。之后,尚马克、奥利维亚兄弟不忘企业初心,拾起父亲打下的坚实基业,再次挑战时尚行业。大量生产功能性手套积累的先进工艺配以迈松·法布尔特有的时尚设计,法布尔手套又重回市场。

很早就为巴黎高端百货商场和精品店供货的迈松·法布尔,在2008年选择直接进入巴黎市场,于皇家宫殿开设了第一家独立卖场。之后的2010年,位于圣日耳曼德佩教堂(Saint Germin des Pres)的第二家分店正式开业。从此,奥利维亚以更积极的姿态投身于企业运营,不仅与克里斯汀·拉克鲁瓦、索尼亚·里基尔、安·迪莫拉米斯特等世界知名时尚品牌合作,还于2010年请来了世界著名设计师卡尔·拉格斐,重现了迈松·法布尔旧日的风采。

这家店里最受瞩目的是奥利维亚的首件藏品"Auto"。由于选取最优质的羊皮制成,佩戴时不仅手指能够自由活动,同时还能凸显优美生动的线条。值得一提的是手腕处用椰子壳雕刻而成的单扣能够同时呈现18种以上的颜色,备受客人关注。

迈松·法布尔手套无一例外采用简洁而独特的设计,虽然价格确实不菲,但许多顾客一经试戴便欲罢不能,如

让手变得更优雅的迈松·法布尔手套（图左）。

迈松·法布尔的第三代传人奥利维亚·法布尔（图右）。

果能够拥有一副，哪怕饿上几天也在所不惜。

现在米洛地区工作室生产的手工手套全部是根据客人需求而进行的私人定制。因此，上至老人下至儿童，均可根据自己的手型和尺寸订购。不仅如此，还可依据个人喜好选择皮质的种类和颜色，做出专属的独一无二的手套。能够享受到这样高端的私人定制要归功于各位工匠精湛的技艺和迈松·法布尔一心打造最佳艺术品的执念，以及近一个世纪以来积累下的品牌信心。

 附近景点

皇家宫殿（Palais-Royal）

皇家宫殿位于集合了巴黎所有名胜的1区中心。200多年前这里就是高端精品商店的集散地，现在也聚集了大量法国独有的高端商铺。对面就是世界最大博物馆之一的卢浮宫博物馆。

挑剔的法国厨师钟爱的厨具专卖店

阿·得伊朗(*E.dehillerin*)
depuis 1820

  在巴黎坐过地铁的人都知道,夏洛特站是换乘最多的一站。这个位于巴黎中心的换乘站连接了一家大型购物中心——哈勒斯集市(Forum des Halles),所以时刻挤满了换乘地铁和逛商场的人们。由于太过拥挤,时不时就会与人发生碰撞,却常常来不及道歉。我好不容易重回地面,来到埃蒂安马塞尔大街。这里不仅是连接东西、贯穿南北的交通枢纽,也是已成为传说的巴黎中央市场荣极一时的地方,而老字号的厨具专卖店阿·得伊朗就位于这里。

-18/20,rue Coquillière 75001 Paris
-Métro 4号线 Les Halles
(与1、4、7、11、14号线 Châtelet 的地下通道相连)
-tél 33.0[1].42.36.53.13
-www.e-dehillerin.fr
- 周一 9:00~12:30/14:00~18:00;
  周二至周六 9:00~18:00

抵达夏洛特站,从圣厄斯塔什教堂方向出来,来到亨利·米勒的雕塑《倾听大地》所在的广场。穿过广场,沿着 Coquilliere 路走到尽头,就能看见阿·得伊朗了。一张 1820 年的标志牌下是宽敞明亮的橱窗,橱窗里陈列着各式各样现今已经很难寻觅的铜制品,吸引了无数路人的目光。

走进店铺里面,发现这里好像仓库一般,四周墙上甚至天花板上都满满当当地挂着商品。熟悉的厨具自不必说,还有很多见所未见的厨房用具。

"在阿·得伊朗,我们一直尽可能地丰富店内的产品,并覆盖各种价位,力求让大家找到别处找不到的商品。"

商店内侧一间挂着创始人尤金·得伊朗(Eugéne Dehillerin)自画像的办公室内,企业第五代传人、现在的老板埃里克·得伊朗向我讲述了阿·得伊朗的故事。

阿·得伊朗始于 1820 年代巴黎中央市场的繁盛期。当时的中央市场作为巴黎最具代表性的市场,除食品之外,还售卖

阿·得伊朗宽敞的橱窗内陈列着大量现今不多见的铜制品。图为从前中央市场方向看阿·得伊朗的全景。

巴黎百年老店

纤维制品、鞋子、衣服等，规模十分宏大。也正因为如此，聚集到这里的商人和顾客越来越多，周边的餐厅和小饭馆也如雨后春笋般纷纷涌现。当时这里的厨师不计其数，为了满足他们的需求，出现了一两家专门售卖炊具的商店。创始人尤金·得伊朗就是在这时来到中央市场周围开始他的厨具制造生意的。1890年，阿·得伊朗的厨具商店在Coquilliere路正式开业，在这里人们几乎可以找到所有想要的厨具。阿·得伊朗自开店以来一直维持地下一层至地上一层的卖场规模，从未扩张。不仅如此，现在办公室内的所有家具也是创立时传下来的。

1950年之前，阿·得伊朗一直兼营部分生产业务，不过现在就只致力于选择高质量的产品了，于是如何保证产品质量就成了最大的难题。在选择制造公司时，他们首先看重的是品质，然后是顾客对于各供应公司的评价。

以前，阿·得伊朗的顾客以生活在巴黎的专业厨师为主，他们来自于巴黎最高级的酒店、餐厅和横渡大西洋的豪华游轮"诺曼底号"。这些人只选择符合自己品味的高端厨具。当然，现在阿·得伊朗的客人还是以高端厨师为主，不过除此之外，也多了正在学习料理的学生、散客和对法国料理感兴趣的游客们。

1_ 专门用来盛鱼的鱼形盘，很有意思。

2、3_ 墙上挂着的各式铜制品和通往地下一层卖场的木制台阶，古风浓郁。

4、5_ 阿·得伊朗的主力商品——铜制品，有香槟桶、锅，还有象征着法兰西的铜公鸡。

哪怕不是专门从事料理行业的人,看到这么多各种式样的铜制锅碗瓢盆,也会有一试身手的冲动。

　　铜制厨具在很久以前就是来到阿·得伊朗的客人们最主要的选择，也是阿·得伊朗最重视的产品，这一点从他们的橱窗装饰和入口处大量摆放的陈列商品就可以想见。铜制厨具主要分为不锈钢铜、镀锡铜和镀银铜几大类。

　　在欧洲，铜制炊具从中世纪起就开始被广泛使用。在玻璃制品得以大量生产的20世纪之前，铜制品是主要的生活用具。曾经，铜制品由工匠手工打造，但随着生产方式的变革和发展，现在的制造工厂出于经济上的考虑已经全面升级为自动化生产，也极大影响了产品的多样性。

　　现今的产品种类虽然不像从前一样繁杂，铜锅却仍然是法国高级餐厅中普遍使用的厨房用具，也有餐厅特意选择一些古老的铜制品作为内部装饰。可能出于个人对铜制品的喜爱，每次来到此类餐厅用餐，我的心情就莫名地愉悦起来。

　　在阿·得伊朗，每个角落都摆满了商品，大多并没有刻意陈列，只是随意摆放在那里，所以看起来有些凌乱，其中有很多已经不再生产。主人埃里克痛心于传统厨具的消逝，一直积极为大家介绍那些在今天可能用处已经不多的旧时器具。

阿·得伊朗附近的哥特式风格建筑——圣厄斯塔什教堂，广场上有一座亨利·米勒的雕像，名为《倾听大地》。

从阿·得伊朗出来，来到圣厄斯塔什教堂前的广场坐上片刻。这个曾经繁盛过的中央市场在 1960 年由于交通拥挤、城市扩张等原因，被巴黎政府改建为供市民休息的雷阿尔公园。坐在广场上看公园，可以想象以前人头攒动的中央市场……

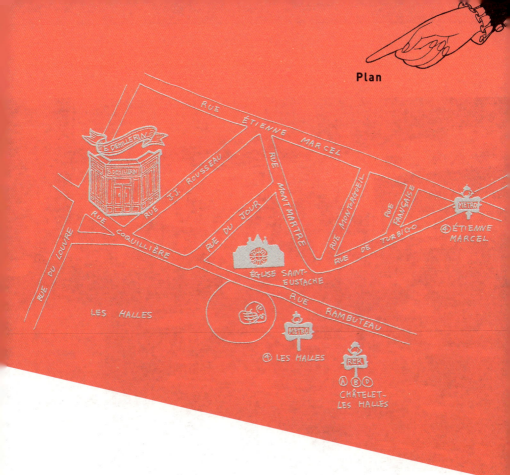

Plan

 附近景点

圣厄斯塔什教堂（Église Saint-Eustache）

  体现了法国哥特式风格精髓的建筑，同时也因悦耳的管风琴声和悠扬的圣歌而闻名。每个周末，这里都会举办管风琴演奏会，雄壮的歌声和教堂良好的共鸣效果给游客们留下了深刻印象。教堂前面的广场上有座雕塑《倾听大地》。

让法国品牌名声远扬的烘焙用品

莫拉（*Mora*）
depuis 1814

夏洛特地区的厨房用品专卖店中，历史最悠久的一家是拥有近200年历史的位于蒙马特（Rue Montmartre）13号的莫拉。从夏洛特地铁站的广场方向走出，沿着圣厄斯塔什教堂向左转，莫拉就位于巷子中间。这里以品种纷繁的烘焙用品而闻名。

- 13，rue Montmartre 75001 Paris
- Métro 4号线 Les Halles（1、4、7、11、14号线夏洛特站与地下通道相连），4号线 Étienne Marcel，RER A、B、D 线 Châtelet-Les Halles
- tél 33.[0]1.45.08.19.24
- www.mora.fr
- 周一至周五9：00~18：15；周六10：00~13：00/13：45~18：30

莫拉之所以被我特别记住，是因为一种叫做"可露丽"的法国传统小点心。平时我除了在家门口买法棍之外，并没有固定光顾的面包房，不过我却喜欢循着媒体上介绍的名店专门找过去，或是借偶然机会发掘美味店铺。当然，每家知名面包房都会有自己的招牌产品，这也是我通常的选择。除此之外，我也常常买一些看起来就很可口的面包。

但是无论在哪家面包房，有一种东西我一定会买，那就是深褐色像布丁一样的可露丽。所以在发现了莫拉店内层层摆放的可露丽模具后，身为烘焙门外汉的我感到格外亲切。

做好一件事，有好的工具很重要；虽然任何事情都是这样，但做可露丽尤其如是。要先在圆形模具的内侧涂上一层蜜蜡，让模具中的食材表面平滑；当烤至一种特殊的褐色时，有一种表面劲道、内芯柔软的口感。

在莫拉发现这种相对罕见的筒状可露丽模具后，又经过一段不短的时间，我才偶然得知这是一家已经经营了近200年的店铺。名气响亮的莫拉里面无时无刻不挤满了顾客。我将与此处负责人玛丽·弗朗索·吉拉德（Marie France Girard）夫人的面谈时间约在了卖场相对清闲的上午10点。

莫拉成立于中央市场繁荣时期的1841年。作为当时巴

1_ 莫拉店内销售的各种量勺。

2_ 导热性能优良的高级料理锅。

3_ 制作巧克力时使用的模具。

4_ 做蛋挞或派等糕点时使用的模具。

5_ 各种大小的可露丽模具。

6_ 法国传统点心可露丽。

木质结构的莫拉的外观像他们的产品一样,给人简练又坚固的感觉。

黎最大的市场，中央市场汇聚了来自全国各地的制造业从业者们。作为这些人中的一员，创始人查尔斯·特罗捷（Charles Trottier）以自己的名字开设名为特罗捷的店铺，开始生产销售一些铸件。随着中央市场的规模逐渐扩大，以生产优质产品著称的特罗捷也得以进一步壮大，不久后在巴黎近郊建立了自己的工厂，实现了大规模生产。

1899年，创始人的儿子将家业传给了首席弟子阿方斯·特拉维恩（Alphonse Delaverne），并一度改了名字。之后的1924年，特拉维恩又将这份事业传给了当时的一位店员加斯帕德·莫拉（Gaspard Mora），由此店铺更名为现在的"莫拉"。

早在1971年，中央市场就已消失，周边的商铺也纷纷关门，然而伴随中央市场的繁盛成长起来的莫拉却战胜了危机坚守下来。后来，加斯帕德·莫拉将店铺传给了自己的儿子，儿子又传给了孙女，即现在的社长玛丽·弗朗索·吉拉德夫人。她紧跟业界潮流，坚持进行新产品的研究与开发。

进入莫拉，里面紧密又精巧地摆满了各种各样的商品，仿佛置身于厨房用品展销会。现在这里出售的商品竟有6800余种，单是凭借这一数字就可以想见其规模之大。

在莫拉，以其代表性商品——铸件类为首的大多数商品都由莫拉自己制造，但整个卖场看起来却并不像一个售卖铸件商品的卖场，同时还陈列着多种不同类别的商品。按材质划分的话，从铜制品、黄铜制品、铝制品到塑料制品、硅制品，应有尽有。

不仅如此，这里还有烤制玛德琳、蛋塔、玛芬的模具，精致的巧克力模具，花样繁多的曲奇模具，拥有漂亮圆润曲线的咕咕洛夫模具，线条淳朴的磅饼模具等。大小形状各不相同的模具凑在一起，实乃一场模具博览会。

那些非莫拉制造的商品，也有相关专业人士对供应商进行严格筛选，好的品质毋庸置疑是首要标准。除此之外，莫拉也看重良好的售后服务质量，所以这里也能看到不少莎马（Ditosama，始于1945年）、索夫拉卡（Sofraca，始于1954年）、桑托斯（Santos，始于1954年）等法国知名品牌的商品入驻。

连法国的甜品大师皮耶艾曼都很偏爱莫拉的产品，就可想而知莫拉在业界的知名度了。事实上，法国料理界的各类专家以及高端酒店、餐厅一直以来都对莫拉的烘焙用具和厨房用品青睐有加。近年来，不要说专家，很多普通的烘焙爱好者也常光顾这家店铺，其中不乏来

1_ 制作玛德琳等法式甜点时所用的形状各异的模具。

2_ 巴黎的象征，精致的埃菲尔铁塔状的巧克力模具。

自东方的爱好者。

  采访结束时,卖场职员和顾客纷纷来找玛丽·弗朗索夫人。在逐渐拥挤起来的卖场中,结束拍摄的我望着用心向客人们做着各种介绍的玛丽·弗朗索夫人和卖场中穿梭来往的人们,似乎看到了200年前中央市场的勃勃生机。

1_ 圆形、树叶形、心形的模具。

2_ 各种各样的奶油裱花嘴。

3_ 不同大小、种类的蛋糕模具。

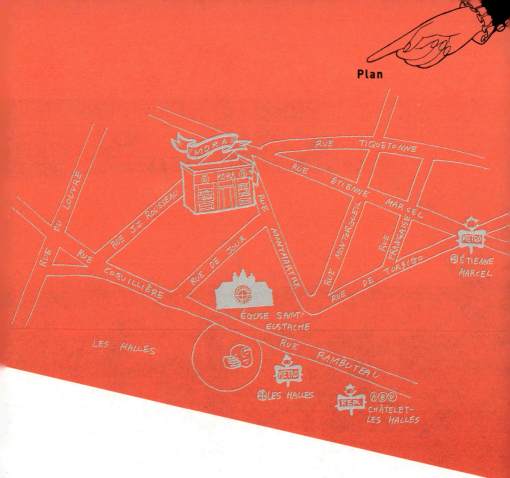

 附近景点

雷阿尔商场（Le Forum des Halles）

雷阿尔商场是巴黎最大的购物中心，地下4层，地上3层，其规模相当于中央市场扩张至地下。值得一提的是瀑布倾泻而下的外观造型和地下部分的玻璃屋顶，加上外面的露天广场，是一处独具巴黎味道的会面场所。

全欧洲人都爱的酒浸蛋糕（Baba cake）鼻祖

施特雷尔（*Stohrer*）
depuis 1730

　　漫步巴黎时你会发现，最常见的就是面包房（Boulangerie）。虽然面包房通常与甜品店合二为一，但也有不少单纯的甜品店历经漫长岁月独立经营下来。像拉杜丽、皮耶艾曼等大师级的甜品店已为世人所知，发展成为著名连锁企业，同时也有些甜品店一直坚守着最原始的面貌和传统味道，安静地隐匿在这座都市的各个角落中。施特雷尔就是其中的代表。

– 51，rue Montorgueil 75002 Paris
– Métro 4 号线 Etienne Marcel
– tél 33.[0]1.42.33.38.20
– www.stohrer.fr
– 周一至周日 7：30~20：30

巴黎百年老店　**045**

第一次听说施特雷尔是因为我在巴黎的日本朋友凌子。一有时间就来巴黎待上一两个月的她尤其喜爱法式甜品，且知晓大量美味甜品店的信息。她知道我喜欢老店，就拉着我说要给我介绍一家历史悠久且美味的店铺。

她带我来的正是位于聚集了餐厅、食材店的中央市场附近的蒙特吉尔（Rue Montorgueil）街上的施特雷尔。起初我以为它只是居民区里的一家普通甜品店，还径直从店前走了过去，所以当听说它是巴黎最古老也最好吃的甜品店时，说实话心底是暗自怀疑的。因为与其他历史悠久的老店不同，这家店铺外面垂挂着黄色的遮阳棚，整体风格十分质朴。不过在店铺前售卖的明信片中，有一张身着优雅套裙的英国女王伊丽莎白造访这里的照片。到底是多有名的地方，能让英国女王亲自造访？这顿时激发了我的好奇心想一探究竟。

这家店的历史要追溯到18世纪初的波兰。当时波兰国王斯坦尼斯拉斯·雷克钦斯基（Stanislas Leszczynski）的宫内御用料理师尼古拉斯·施特雷尔（Nicolas Stohrer）将干燥的奶油蛋糕浸入混合了朗姆和樱桃酒的糖浆中，再配以葡萄干、藏红花等，制成了一款口感松软、味道丰富的奶油蛋糕。品尝过蛋糕的国王被美味所感动，借当时正在阅读的《一千零一夜》中的名字，将这道甜品取名为"阿里巴巴"。

施特雷尔店内也出售与店铺相关照片制作的明信片。这张明信片上的照片记录了曾经的施特雷尔的外观。

1_ 施特雷尔的糖果包装精美,乃送礼佳品。

2_ 羊角面包、巧克力面包等基本款面包的味道也很出众。

3、4_ 施特雷尔的代表甜品阿里巴巴拥有精致的外形和香甜的味道,可以说体现了法国传统糕点的精髓。

1725年,雷克钦斯基国王的女儿玛丽·雷克钦斯基与路易十五结为连理,尼古拉斯也跟随她来到法国,成了凡尔赛宫的御用甜点师。1730年,他在这里开了一家以自己名字命名的甜品店。

尼古拉斯开发了多种甜品,其中也包括由国王赐名的"阿里巴巴"。巴黎市民们得知其背后的故事后,对阿里巴巴表现出狂热的喜爱。后来,这种甜品以各种各样的形式传至整个欧洲,被称为"巴巴蛋糕"(Babas)。直到今天,人们对其的喜爱也不减当年。现在的施特雷尔还在出售巴巴杏仁酱朗姆、巴巴尚蒂伊、阿里巴巴始祖等多种类的巴巴蛋糕。

走进店铺,最先映入眼帘的是蓝色马赛克上镶嵌的"施特雷尔"几个大字,店名上方的王冠设计暗示着这里由王室御用甜点师创办。用花朵装饰的穹顶天花板壁画、垂下的华丽枝型吊顶灯以及橱窗后方的女人壁画等内部饰物,看上去十分有年代感。壁画中的女人手捧巴巴蛋糕和萨伐仑松饼(Savarins,一种水果夹心的法式传统糕点),其作者是创作过巴黎歌剧院大堂天花板壁画的著名画家保罗·博迪(Paul Baudry,1828-1886)。

这里的建筑外观和内部装潢已经被巴黎市政府认定为文化古迹。巴黎就是这样一座城市,在博物馆和名胜之外,生活中亦随处可见保存完好的历史文化遗迹,我想这也是巴黎吸引大家到此游玩的原因之一吧。

施特雷尔最有名的甜品有三种。一是创店之始就在销售的尼古拉斯·施特雷尔的巴巴杏仁酱朗姆，二是1850年以前公爵夫人喜爱的法国传统面包中的一种——闪电泡芙，最后一种是以歌剧《爱之甘醇》命名的爱之甘醇甜点。

除此之外，这里还有用各种应季水果制作的丰盛的水果挞，带有小金箔片装饰的歌剧院蛋糕，洒满白色糖粉、垒得很高的法式千层酥，用一两颗蓝莓、覆盆子、草莓点缀在粉红色鲜奶油上的夏洛克等各式甜品，以及可丽露、羊角面包和巧克力面包等，也有沙拉、三明治等作为正餐的食物。另外，那些花花绿绿、五颜六色的糖果也十分吸引人们的视线。

第一次来到施特雷尔时，我站在橱窗前，因为不知道要吃什么，认真地斟酌了好一会儿，最终选择了巴巴杏仁酱朗姆和薄荷绿的安塔芮丝。巴巴杏仁酱朗姆那浸入朗姆酒中的湿润口感配以甜丝丝的味道，相当有魅力。从那以后，每当我有事经过附近，都要来这里买上一块巴巴杏仁酱朗姆。

这里最大的特点是历经悠长岁月还能保持始终如一的味道和风格，也正是这一点使它长居巴黎第一甜品店的不败之地，吸引着越来越多的回头客。

可能谁都有过类似的经历——自己曾经钟爱的地方有一天无声无息地消失，让人不禁扼腕叹息。小时候，牵着

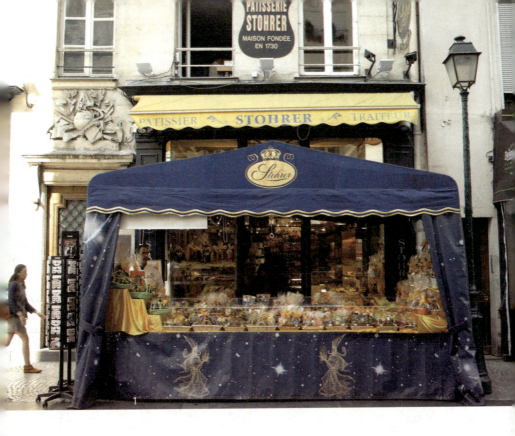

1_ 每年的圣诞季,店铺外都会支起摊棚,销售应季商品。

2、3_ 施特雷尔虽以甜点闻名,但同时也销售炸鸡、三明治、法棍、果酱、沙拉等简单的餐食。

地板上金色的"施特雷尔"几个大字和王冠自创店起就存在于此,醒目而大气。

父母的手一起去过的餐厅"玫瑰森林",欣赏电影《印第安纳琼斯》后怀揣满满感动的卢米埃影院,每年节日为父母购买礼物的社区礼品商店,经常跑去问店主大叔有没有新唱片发行的音像店……

现在这些都已经消失不见,那些珍贵的记忆也随之一并逝去,每想到这些就心生凄凉。与其说它们是我单纯的童年记忆,不如说它们是当时那个年代的人们生活的一部分。

韩国的变化日新月异。可能有人要说现今世界上哪里不如此,可我最爱的城市首尔已经在不经意间被那些拥有强大资本、奉行标准化经营的连锁企业蚕食得面目全非,不知道哪里还会存有回忆。如果有些代表当时那个年代文化特征的店铺能够长久存活下来,向人们展现首尔曾经的历史该有多好!

所以,无论是销售3.9欧元阿里巴巴的代表着旧巴黎味道的施特雷尔,还是其他努力守护传统的店铺,我都真挚地爱着它们并给予全心全意的支持。

Plan

☕ 附近景点

蒙特吉尔街（Rue montorgueil）

巴黎最著名的美食街，虽然只有 300 米长且路面狭窄，却从清晨到夜晚一直弥漫着美食的味道。从法式传统蜗牛料理到猪肉料理专门店、各式面包房、巧克力商店、水果商店、快餐店，这里能吃到巴黎的所有美食。还有在法国极少见到的 24 小时营业餐厅，是深夜里肚子的救星。

 途中景点

保罗·博迪顶棚壁画作品所在的巴黎歌剧院

保罗·博迪（Paul Jacques Aimé Baudry，1828–1886）是1830年到1880年间深受巴黎美术学院画风影响的著名学院派画家之一。作为一名木鞋制造者的儿子，16岁时保罗在艺术方面的才能就被巴黎艺术学院认可，并为其颁发了奖学金。后来他又于1850年获得了法国国家艺术奖学金——罗马大奖（Prix de Rome）。他主要从事壁画创作，其中也不乏抽象画和历史题材的作品。后来他受拿破仑三世钦点，历经十年时间创造了巴黎歌剧院休息室Foyer的顶棚壁画，这也是他最著名的作品之一。晚年时他曾制定万神殿（Panthéon）的装潢计划，可惜尚未实施就于58岁早早辞世。

指尖触碰的巴黎味道

乌尔特拉莫德（*Ultramod*）
depuis 1890

从地铁三号线九月四日（Quatre Septembre）站出来，走到舒瓦瑟尔（Rue de Choiseul）街上，你会发现有两家相同名字、都叫做乌尔特拉莫德的店铺并肩而立。这便是由喜爱帽子工艺的简·弗朗索瓦·莫兰经营的服饰用品店，没有特别做过广告，全凭众口相传。

不过有趣的是，左边的店铺灯火通明，客人如织，右边的店铺却灯光昏暗，大门紧闭。让我爱上乌尔特拉莫德的正是右边这家神秘的店铺。

– 3/4，rue de Choiseul 75002 Paris
– Métro 3 号线 九月四日站
– tél 33.[0]1.42.96.98.30
– 周一至周五 10：00~18：00

整个 3 月转瞬即逝，眨眼工夫还剩最后一天，我前往乌尔特拉莫德的脚步却格外轻松。本来以为将这么一家宝物仓库般的老店打理得井井有条的必定是位女士，没想到一通电话后得知，如此精致的乌尔特拉莫德的主人竟然是一位男士。一家由男人经营的手工艺品商店，让我不仅产生了一丝微妙的好奇。

这天上午我到得很早，可左侧的商店里竟然已经来了几位顾客。乌尔特拉莫德的主人莫兰先生热情地跟我聊天，并指引我来到了右侧的这家店铺。我从未见过右侧店铺开门营业，心情不禁激动起来。

外面下着雨，卖场里更显昏暗。每迈出一步，地板就发出嘎吱嘎吱的声响。莫兰先生打开了电源开关，灯泡闪了几下后终于亮了，我才发现光源来自一个低矮的圆锥形灯座。抬起头的瞬间，一家孕育了百年历史的手工艺品店原封不动地呈现在眼前。

这些五颜六色的物件在昏暗的灯光和深色调家具的映衬下显得颇有几分分量。进门处两侧的橱窗边放置有肩膀高的展

在终年向顾客开放的左侧卖场中几乎能找到所有法国产的手工艺品。

巴黎百年老店

台，上面是华丽的装饰用帽子。展台呈 L 型，连接展台的墙面全部打上了壁橱，壁橱里满是密密麻麻缠绕着装饰用绳带的纸板。

在经过时间的洗礼后，那些绚丽的色彩都褪去了表面的光泽，呈现出近似的色调，感觉非常独特。长长的收款台上放置着一台旧时的收银机，随处摆放的箱子和倒在一旁的梯子等种种元素都仿佛在告诉我，这是一家宝物仓库。

乌尔特拉莫德的创办时间要追溯到 1890 年前后。当时欧洲人的服饰和小物件上十分流行一种叫做花边饰带（Passementerie）的装饰用绳带，而法国的阿尔萨斯和里昂地区正是以生产装饰用织物闻名。1920 年之后，随着劳动密集型绳带生产业的逐渐衰退，工厂无法支付昂贵的人工费用，陆续关门停业。

当时乌尔特拉莫德的主人对此感到十分惋惜。他找到了这些停工的工厂，将剩余的库存买了回来，创办了这样一家博物馆般丰富的商店。现在的主人简·弗朗索瓦·莫兰接手此店的时间是 1990 年。本来从事于金融行业的他一直梦想从事手工艺品的创作并与这些手工匠人为伍，于是干脆辞掉工作，来到了这家店铺。

虽然这个博物馆般的卖场一直关着门，却也并不禁止顾客出入，而是因为所雇佣的员工有限，便关闭了客源相对稀少的区域。只要跟店员说一声，他们就会打开店门。

1_ 整个墙壁上挂满了早已停产的金银饰带，我险些忘记了自己身处 21 世纪。

2_ 各种绳子和丝带可按任意长度出售，流苏也可以随意订购不同的色彩和款式。

主人简·弗朗索瓦·莫兰制作和搜集的各式帽子。

乌尔特拉莫德的两侧卖场不仅气氛不同，销售的东西也不一样。人们常去的左侧卖场正如前面所提到的，主要销售当下工厂生产的丝带、线、纽扣等工艺品，而右侧卖场售卖的大都是一些花边饰带或窗帘、沙发上用的流苏等。也就是说，右侧卖场中的商品都是20世纪前半期工匠制作的手工艺品。

站在橱窗前认真倾听主人说明的我随手拿起手边一团奶油色的花边饰带观察起来。它改变了厚实的质感与织法，将花纹层层叠加在一起，虽然是单色调，却也不影响其华丽的装饰性。此种花边饰带已经无法投入生产，大概是因为价格要比当下的工厂产品高。尽管如此，看到这么精美的色泽和花纹就会明白，高价并非没有道理。看到这些在低酬劳和恶劣工作环境下生产出的劳动密集型产品得以保留至今并供后代鉴赏，让人不由得对当年那些手工艺工作者心生敬畏。

在乌尔特拉莫德，还有一类产品占了较大比重，那就是与帽子制作工艺相关的产品。

首先看到的是在收款台旁边的一台用来制作帽子的缝纫机，用于将 La paille（用稻草编织的结实的绳子）一圈圈编织起来做成草帽。虽然这已是一台很老的机器，但还能良好运转。

其次是堆在一旁的夏季帽子材料——剑麻（Le Sisal）。剑麻的材质与薄纱网类似，在这里既作为原材料销售，又作为制作好的帽子与帽檐半成品销售，买回去后只需要将两者连接起来即可。可这摸起来又薄又硬的剑麻如何才能随心所欲地编织出各式形态，我实在不解，便询问莫兰先生。

"使用剑麻作原材料时，首先要用热水将它浸软，然后固定在做帽子的模具上，定型后再用糨糊固定。只有这样才能做出想要的形状。"

他一边向我介绍旁边的这些帽子，一边告诉我他搜集了很多帽子的模型，并带我来到他的私家仓库。这个狭小的仓库是他保管私人藏品的地方。他随机拿出几箱东西来为我讲解历史，我频频发出感叹，他便更是开心地找出毛毡料，亲手制作帽子给我看，还说现在他也偶尔会动手做一些帽子。

不过他虽然喜欢帽子，还拥有装满两个商店的材料，却没有专门学过帽子制作工艺。只是靠偶尔到店的顾客每次教他一点道具的使用方法，他就自己学会了如何制作帽

1_ 他认真地为我讲述店铺历史，还亲自示范如何制作帽子，十分热情。

2、3、4_ 全法国各种类型的丝带在乌尔特拉莫德几乎全部有售。

子。单凭这一点就能看出,他对帽子有多么喜爱。

最后,他向我展示了一种捆成一圈的质地厚实的棉织带,叫做罗纹织带(gros-grain),用来为帽檐的末端做最后的嵌边处理,防止帽子变形。乌尔特拉莫德有各种颜色和粗细的罗纹织带,主人再三向我强调,绝对不能使用聚酯纤维,一定要用棉制品才能达到厚实坚固的效果。我有些分不清罗纹织带和丝带,谈话中时而将二者混淆,每次他都会认真纠正我"不是丝带,是罗纹织带"。这些细节足以见证他一丝不苟的行事作风。

曾经梦想经营手工艺材料并从事手工艺创作的莫兰先生已然让自己的梦想照进了现实。他笑着承认这是他喜欢的事,做这些并非为了赚钱。他还担心,像花边饰带或流苏的制作这类传统工艺能否传至下个世代。

"现在的年轻人都不愿意做这些不赚钱又琐碎的事,我这家店也不知道能维持到什么时候。"

其实同样的话其他店铺的主人也对我说过。在我们这些外国人看来,法国对传统文化已经保护得很好;然而现实却是,热诚的法兰西民族也无可奈何地面临传统文化逐渐走向消亡的问题,一些相关的传统职业正随之消失。

当然,韩国也不例外。不说别的,就连学习复原技术的我在扪心自问是否认真关心过民族传统文化时,也无法

1_ 各种带子和丝带都可以根据客户需求按任意长度销售。

2_ 主要用来装饰窗帘和垫子的流苏也可以按颜色和款式订购。

3_ 绕成圈的罗纹织带。比起普通丝带,质地更厚更优良。

4_ 生产于20世纪初期的花边饰带,华丽的背后凝结的是大量劳动,现在已经停产。

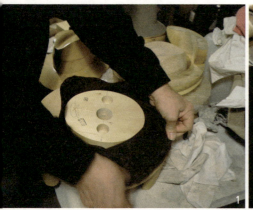 

立刻坚定地点头。反而是来到其他国家才幡然醒悟，原来我们自己的固有文化是多么珍贵、多么美丽。所以今天一整天，我一直在思考是否可以把韩国的传统绳结工艺应用到窗帘装饰上。

1_ 制作帽子时使用的模具。

2_ 制作帽子专用的缝纫机。

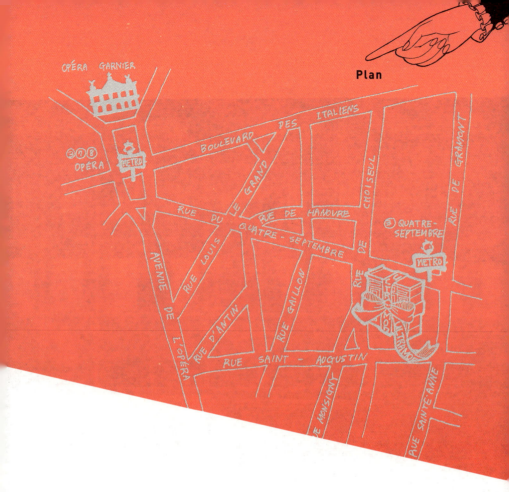

Plan

 附近景点

巴黎香小剧院(Théâtre des Bouffes Parisiens)

对于那些因为巴黎歌剧院太华丽雄伟而感到压力的人,我推荐喜剧元素丰富的平民轻歌剧,特别是这座位于蒙西尼街上的巴黎香小剧院。剧院由轻歌剧作曲家雅克·奥芬巴赫修建于 1855 年,主要上演他自己的剧目。

沁人心脾的东洋芬芳，世界著名红茶品牌

玛丽亚乔（*Mariage Frères*）
depuis 1854

　　玛丽亚乔是一个连韩国人都熟悉的颇有名气的茶叶品牌，所以我一直将这里视作游客们在巴黎的礼品购买地。但后来发现，我只看到了冰山一角。玛丽亚乔让我一下陷入了红茶的精彩世界。从此我又多了一项喜好，就是选一种红茶，研究如何才能沏出芳香。

– 30，rue du Bourg-Tibourg 75004 Paris
– Métro 1 号线 Saint-Paul/1，11 号线 Hôtel de Ville
– tél 33.[0]1.42.72.28.11
– www.mariagefreres.com
– 周一至周日 10：30~19：30
　用餐时间：周一至周日 12：00~15：00
　品茶：周一至周日 15：00~19：00

玛丽亚乔（Mariage Frères）品牌如其名，由玛丽亚乔兄弟创办于 1854 年，是一家专门销售红茶的公司。玛丽亚乔家族从 17 世纪起就已经从东印度公司进口茶叶，是一个商人世家。

当时的巴黎正在成为世界瞩目的中心，不断引进新鲜事物，人们对东洋文化的兴趣与日俱增。玛丽亚乔家族中的兄弟二人——亨利和爱德华借鉴了东方的异域茶文化，在今天的布赫提布赫街（Rue Bourg-Tibourg）成立了玛丽亚乔。此后的 150 年间，玛丽亚乔一直享有"法国红茶代表品牌"的称号。

最初前往玛丽亚乔采访，我来到了巴黎三家分店中开店最早的，也是游客们最青睐的位于 4 区布赫提布赫街上的玛黑分店。与里面的管理人员沟通后得知，采访和摄影事宜需要联系事务总监科恩（Philippe Cohen-Tanugi）先生。

与科恩先生的会面安排在同一天的下午三点半，地点在 8 区的玛德莲分店。不知是否因为已经过了午饭时间，店内只有几名客人在喝茶，气氛相对闲适。四角方桌上干净

150年前玛丽亚乔第一家开门营业的玛黑分店,历经多年依然深受人们喜爱。

利落地铺着灰色桌布，旁边是几把藤椅，各个角落里伸展开的棕榈树叶让空间显得格外清凉。从这样的沙龙气氛中多少能品出几分法国人对待饮茶的态度。

我在店里逛着，偶尔拿起一桶展示用的茶叶，打开盖子闻闻茶香。一会儿，科恩先生走了过来，对我露出亲切的笑容，友好地伸出了手。他邀请我边喝茶边聊，紧接着递过一份列满了各种茶品的清单。在无数闻所未闻的茶叶中，我选择了刚才闻过却无法确定味道的喜马拉雅玫瑰。

"这种茶产自喜马拉雅地区一个叫阿萨姆的地方。那里有非常广阔的茶园，其中只有一个山坡上栽种的茶叶会散发这种玫瑰香。我观察过周围，根本没有玫瑰，茶叶本身带有这种味道简直太奇妙了。我特地几次前往探访，最终也没能找到原因，只能归结为大自然的奇妙了。因此，我给这茶起名叫喜马拉雅玫瑰。"

没有任何人工添加，喜马拉雅玫瑰散发出浓郁自然的玫瑰香。听完故事再来品茶，香气似乎变得更加迷人了。

科恩先生的手机里装着世界各地茶园的照片。身为玛丽亚乔对外事务总监的他经常在报纸、杂志和广播中宣传红茶，还曾花费一年零六个月的时间在全世界范围内发掘上等茶园。为了寻找符合玛丽亚乔标准的茶叶，他大部分时间徘徊在亚洲地区。他会访问那些名声在外的茶园，也会独自在茶叶产地附近旅行，期待邂逅好茶。

有时偶然在某个小村庄里听到人们议论哪里有好茶，他便直接找过去，亲自确认茶叶的成色与味道。一旦发现好茶，他就立刻找到茶园主人签订协议。

如此，玛丽亚乔不通过中间渠道，而是一直采用亲自上门探访种茶人、测试茶的品质并签订合约的模式。目前与玛丽亚乔有贸易往来的 36 个国家的栽培地全部遵循这一流程。一旦双方就合同达成一致，科恩会再次前往访问，经过多次测试后，将茶叶用栽培地的名字命名并投入种植。但也并非全盘使用整个栽培地的茶叶，而是分别考察每一块茶地（也称 lot，意指栽培地在一定范围内用同样的生产方式种植同质的茶叶），从中选取一块。因为即便是在同一茶园内种植的茶，如果生产方式不同，茶叶也会呈现不同的味道。不仅如此，在选定一块茶地之后，他每年还要亲自前往检验，合格后才可作为玛丽亚乔的品牌出售。

现在玛丽亚乔在售的茶叶多达 620 余种，大体分为天然茶与香茶两类。像前面提到的喜马拉雅玫瑰虽然是天然茶叶，但

沏茶专用的精美玻璃器皿，可以透过玻璃材质看到茶叶成色。

后期在实验室中混入了其他香味，所以属于香茶的范畴。香茶中会混入多种果香、花香或香辛料，科恩先生把这一过程比喻成作曲，因为研制出一种茶香需要大量创意，使多种香氛恰到好处地融合。

有趣的是，每一种香茶背后都隐藏着故事。比如一种叫做亚历山大莉娅·大卫·妮尔的茶，是由亚历山大莉娅·大卫·妮尔财团托付玛丽亚乔开发研制的。亚历山大莉娅·大卫·妮尔是著名探险家，也是第一位进入西藏的法国女性，而香辛料正如她的人生一般浓郁热烈。同时为了烘托她的女性身份，这款茶还加入了妩媚的花香。

玛黑店还在使用的150年前的展柜尤其受到游客的喜爱。

一般来说，根据茶叶的发酵程度，可以把茶分为四大类，即白茶（thé blanc）、绿茶（thé vert）、青茶（thé blue）、红茶（thé noir）。

白茶是选取表面带有茸毛的新芽，不经过发酵，只通过烘干使茶呈现银色光泽。韩国人最爱喝的白茶一般采用日式蒸汽法（蒸干茶）或中式火热法（烘干茶）经过高温处理而成。青茶是中国特有的半发酵茶，发酵程度介于绿茶与红茶之间，又称乌龙茶。

在玛丽亚乔，种类最多的就是红茶。将茶叶摘下，经过萎凋处理使其表面氧化，在适当的温度和湿度下做发酵处理，这一过程会产生特有的味道与芳香，茶叶表面呈现深红色泽。当然，除红茶之外，在玛丽亚乔还可以品尝其他种类的茶叶。

致力于将红茶推广至全球的事务总监科恩。据说玛丽亚乔生产的100余种茶他全部品尝过。

　　面对这些连名字都记不住的茶，我请求科恩先生帮忙推荐几款。科恩先生说，他不仅可以为每个人推荐适合的茶，哪怕是同一个人，根据早晚时间、身体状况的不同，都可以推荐不同的茶。在我看来相差无几的茶却包含了这么多学问，让人不得不暗暗赞叹。

　　"其实最重要的是通过饮茶让人变得快乐。"

　　我似乎明白了科恩先生微笑着说出的这句话的意义所在。他还说，在玛丽亚乔，茶叶生产过程中最重要的因素是自然与人。也许，玛丽亚乔之所以能在如此短的时间内吸引我，正是因为它的魅力其实已经超越了红茶，升华为以人为本的温暖。

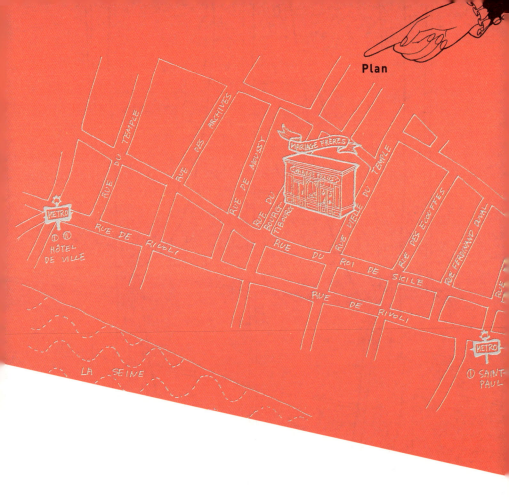

 附近景点

玛黑区（La Marais）

一度曾是犹太人聚居的区域，后来生活穷困的艺术家们三三两两聚集到这里，现在已经成为最具潮流感的地方，从画廊到名品再到工艺品，是包罗万象的购物天堂。

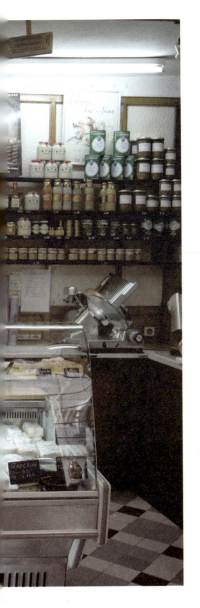

渗透巴黎近现代史的食品杂货店

阿拉维尔德·罗德兹

(*A la ville de Rodex*)
depuis 1920

在法国，销售各种食品的传统商店叫做食品杂货店（L'épicerie）。食品杂货店与超市、水果商店和生鲜商店不同，主要销售手工制作的火腿、奶酪、果酱等食品，是代表法国日常饮食文化的地方。这些规模不大的食品杂货店中销售的都是主人根据自身喜好严格挑选的食品，所以每家特点各不相同。对于不太熟悉法国传统料理的我来说，食品杂货店就好像法国食品自选卖场。

— 22，rue Vieille-du-Temple 75004 Paris
— Métro 1号线 Saint-Paul/1, 11号线 Hôtel de Ville
— tél 33.[0]1.48.87.79.36
— 周一至周四 10：00~14：00/15：00~20：00；
　周五至周日 10：00~20：00

有一次我去圣保罗站时没有走寻常的那条路,而是选择了另一条小巷,正好看见一位老奶奶从一家小食品店门口出来,推着带轮子的购物车笑着跟店员告别。那家商店与旁边几家有着整洁外墙的店铺不同,朴素自然的木质外墙上用粗树枝拼出的店名显露出岁月的痕迹。走近一看,果然门把手的左侧写着"始于1920年"的字样。这就是有着90年传统的食品杂货店——阿拉维尔德·罗德兹。

店名中的罗德兹其实是法国南部阿韦龙省的首府,橱窗上写着销售该地区的贮藏食品与当地商品。阿拉维尔德·罗德兹是能帮助那些来到巴黎生活的他乡人化解乡愁的。身在他乡,最思念的不过是家乡的食品,在这一点上法国人也是如此。

我推开店门走进去,一眼就看到天花板上悬挂的一串串火腿和满满一橱窗的奶酪。左边墙上一面巨大的镜子上方有个木制挂钟,挂钟上面的奖状和奖牌全部是1936年巴黎食品博览会上颁发的。另外一面没有镜子的墙边放置着大大小小的货架,满满的都是各种果酱、香辛料、罐头与酒等食品。

常见的火腿、奶酪在这里都能找到,反而比那些著名百货商店里的品种更齐全。

店铺的主人是第一次世界大战之后逃至巴黎的众多难民之一,正是来自于阿韦龙地区。他于1920年成立了这家店铺,店内出售火腿、香肠、奶酪、鹅肝、葡萄酒、果酱、糖渍水果、意式面条、饼干、沙丁鱼罐头、黄油、蜂蜜、

虽然食品种类繁多，但摆放整洁有序，每一样都刺激着人们的味蕾，是专业食品杂货店的模样。

香辛料、内脏等法国料理中所能用到的几乎所有贮藏食材。主要购买人群是附近居民，但也有不少住在巴黎外围的阿韦龙人因为思念家乡的味道，特地前来购买当地食材和酒。

现在店铺的主人布里吉特·达朋（Brigitte Tapon）也是阿韦龙人，于4年前接手此店。

店内正对门的方向有一条路通向里面的办公室，上面贴着哥特式巴黎圣母院教堂的一幅画，据说这幅画从1920年开店起就贴在这里了。不仅如此，店铺里的木质陈列柜等大部分家具都是从1920年使用到现在。这家店铺本身就是一部鲜活的巴黎近现代史。

这里销售的商品大部分是在阿韦龙地区的小村庄里使用传统工艺生产的食材。店铺与9户农家签有固定协议，每周交货两次，据说与其中两家的合作历史已经超过60年。到底是什么样的味道与品质能维系合作关系60年不变呢？这里的历史与历史中贯穿的传统味道又是怎样呢？我越来越好奇了。

阿拉维尔德·罗德兹中最具人气的产品是熟食。火腿和香肠等猪肉的加工品和块头非常大的烟熏火腿（jambon）、用猪后腿肉做的火腿，还有一种将鲜红色的肉用网兜兜住、拿粗线一圈圈缠绕、再用红绳串成一串的香肠，这些都是法国传统食材的本来面目。中间的奶酪橱窗中还有主人布里吉特女士亲自甄选的奶酪制品，以来自阿韦龙省一个名叫洛克福特的小城市的特产蓝纹奶酪为代表。

另一边放置着很多虽然不是阿韦龙特产，却以美味闻名的波迪尔黄油。跟奶酪一样深受顾客喜欢的鹅肝酱放在密封塑料容器或罐头里销售。对于只见过由工厂批量生产的罐头制品的我来说，这些只贴着简洁白色标签的罐头就像私人定制般独特。另外，同普通食品杂货店一样，各种果酱和腌制品也是这里回头客们的共同的喜好。

已经到了晚餐时间，店里陆陆续续来了客人。有一位头发花白的老爷爷也来购买晚餐所用的食材。只见他在卖场一边选了些鲜火腿、烟熏火腿和香肠，让店员切成薄片。还买了大块康帕纽面包和两种奶酪，也由店员切好，一起放入塑料袋。

所有东西都只买一点点，想必他是独自生活。也许回到家中，他会倒上一杯红酒，在买来的面包上涂抹黄油和果酱，再夹入两片火腿和奶酪，独自享用这份美味又简单的晚餐吧。说不定还会来几颗新鲜的小番茄或煎上一颗鸡蛋。

我这么想着，突然有了饥饿感。原来不知不觉已过 7 点。老爷爷发觉我在目不

店内的家具历史都已超过 90 年,后期在墙壁上贴了白色瓷砖,干净又整洁。

转睛地盯着他看，冲我"扑哧"笑了出来。好吧，今天我就来学老爷爷拿鲜火腿和奶酪当晚餐好了。我要用刚烤出来的法棍夹上新鲜生菜、西红柿，做成馅料丰富的三明治。有熏火腿的三明治才是正宗的法国味道，今天我就用法国南部的食材和法国南部的传统配方来解决我的晚饭吧。

"Madame Brigitte Tapon, je voudrais aussi emporter un peu de jambon et de comté s'ilvous plait.（布里吉特女士，麻烦您，我要熏火腿和孔泰奶酪。）"

1、2、3_ 大块的奶酪、面包和火腿都可按顾客的需求切成小份销售，可以每样买一点品尝味道。

4_ 布里吉特和她善良的职员，与她们的对话十分愉快，让人自然产生常来光顾的想法。

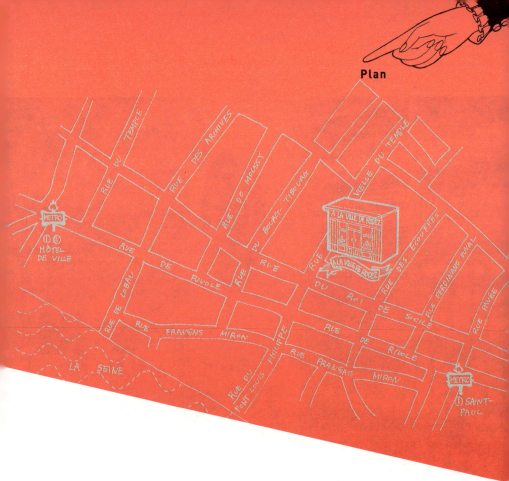

 附近景点

巴黎国立毕加索美术馆（Musée National Picasso Paris）

世界上缅怀著名画家毕加索的美术馆很多，其中以巴塞罗那的毕加索美术馆和巴黎国立毕加索美术馆最为著名。尤其是巴黎国立毕加索美术馆凭借遗产继承人以捐赠物品来抵消遗产税的政策，收到了1200余幅画与雕像的捐赠，藏品十分丰富。现在正重新施工，计划2013年再度开馆。

让料理风味锦上添花的最佳橄榄油

阿·洛勒维尔（*A L'Olivier*）
depuis 1822

　　橄榄油是地中海料理的基础，在法国料理中的使用也十分广泛，可以说从每天都要吃的沙拉到肉类、鱼类、蔬菜的烹饪，几乎每道菜都会用到橄榄油。同样，橄榄油的品牌也很繁杂，其中有一家橄榄油专卖店叫阿·洛勒维尔。

- 23，rue de Rivoli 75004 Paris
- Métro 1 号线 Saint-Paul/1，11 号线 Hôtel de Ville
- tél 33.[0]1.48.04.86.59
- www.alolivier.com
- 周一至周五 09：00~19：00

近年来,橄榄油已经成为韩国人熟悉的食材,它给西洋料理带来的影响更是非同凡响,就像韩国的辣椒酱和芝麻香油一样。事实上在西洋料理中,但凡添加了橄榄油的菜肴,味道都不会太差。

不过越是这种普遍使用的食材,人们对它的品质要求也越是苛刻。拿韩国的辣椒酱和芝麻香油来说,通常知名品牌的辣椒酱和作坊中的芝麻香油味道会更胜一筹,这里的橄榄油也是一样。只研制橄榄油的阿·洛勒维尔可称得上是让法国料理风味锦上添花的最佳橄榄油。阿·洛勒维尔的橄榄油在Monoprix这样的连锁超市就能买到,不过想要详细了解各种产品的话,建议大家直接前往位于巴黎4区的阿·洛勒维尔总店。

去往阿·洛勒维尔的那天,已经连续阴了几天的巴黎竟然出现了明媚的阳光。不知道是不是这个原因,位于玛黑区边界上的圣保罗站行人如织,格外拥挤。作为巴黎4区的代表,玛黑区不仅潮流咖啡馆、餐厅、商场林立,还有毕加索美术馆、卡尔纳瓦莱美术馆、哥纳克·珍美术馆等小型美术馆和画廊,无论在巴黎本地人还是游客中都具有相当高的人气。

沿着圣保罗站的标志——旋转木马所在的里沃利街朝巴黎市政厅的方向走,会看到两棵橄榄树伫立在路旁,这里就是阿·洛勒维尔。巧克力色遮阳棚下面的店门上印着

显眼的"始于1822年"(Depuis 1822)几个字。

在阿·洛勒维尔，橄榄油的历史要追溯至200年前，当时波普兰先生在巴黎拥有一家药房。那个年代的药房都是自己制药并出售，所以大部分药房都设有研发实验室。由于职业关系，波普兰先生接触了多种药材，其中橄榄的效用引起了他的关注。后来他决定开设一家橄榄油专营店，销售亲自制作的橄榄油，于是就有了1822年创立的阿·洛勒维尔。

访问过这么多老店，最常听到的故事有两个。一个是关于拿破仑三世第二帝国（1852-1870）时期主持了当今巴黎城市规划的乔治·欧仁·奥斯曼（Le baron Haussmann）男爵的生平故事，另一个就是关于巴黎万国博览会影响并创造了当今巴黎文化的盛大活动。

万国博览会是荟萃了世界各国的重要产品和人文新产业技术成果的国际博览会，先后于1855年、1867年、1878年、1889年、1990年在巴黎举行。每年开会之际，巴黎市政府就会为大会建立一座代表性建筑。1878年建成的夏绿蒂宫（Le Palais de Chaillot）现在作为国家剧场在使用；1889年建成的埃菲尔铁塔（la Tour Eiffel）是巴黎的象征；1990年建成的大皇宫（Le Grand Palais）和小皇宫（Le Petit Palais）现在也时常举办展会，还有最威武雄壮的亚历山大三世桥等，都是为了纪念万国博览会所建。这些地点作为巴黎的知名景点，吸引着众多游客。

阿·洛勒维尔玛黑店的卖场中挂着1867年巴黎万国博览会竞演中获得的银奖条幅。现在的阿·洛勒维尔已经不是波普兰家族在经营，不过1978年接手这家卖场的让·克劳德布朗维为了沿袭阿·洛勒维尔的传统，几乎原封不动地保留了制造方法，卖场的风格也没有做过大的调整。所以今天走进卖场，我们不难联想到它过去的样子。

卖场中最引人注目的是一排巨大的铁桶。这些装有仪表盘的大桶是生产橄榄油的设备，从200年前使用至今。后面整齐排成V字形的小桶中装的正是阿·洛勒维尔用传统方法制造的橄榄油，下方陈列的也都是各种橄榄油商品，就像我们国家将香油、紫苏油装在小玻璃瓶里销售一样。在这里看到这些贴着商品标签、排列整齐的玻璃瓶，我感觉格外亲切。

现在这里除橄榄油之外，还同时销售各种由橄榄油制作的产品和地区特产，如天然食盐"盐之花"、天然香皂马赛皂等均是其代表产品。

既然来到阿·洛勒维尔总店，总不能空手回去，于是我选择了一瓶特级初榨橄榄油。用这么好的橄榄油拌沙拉，配上重口味的蒜香辣椒橄榄油或者干脆就简单放些鲜鱼，大概会特别好吃吧。光是想象就让人流口水。

在阿·洛勒维尔可以买到用全法国最好的橄榄制作的地区特产，以及用橄榄油制作的各种化妆品。

象征着阿·洛勒维尔品牌的橄榄树,后方相框中是在各种料理大会上得到的奖牌。

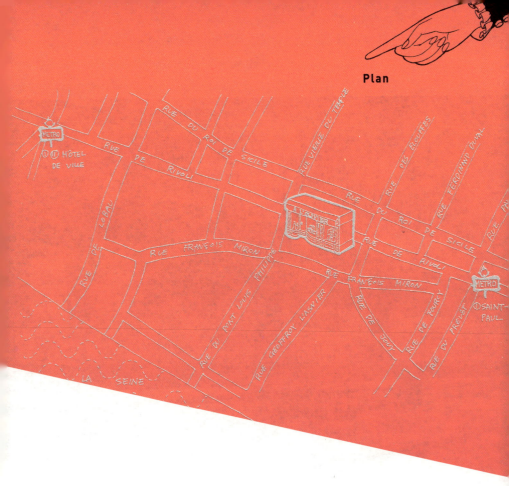

Plan

 附近景点

巴黎市政厅（Hôtel de Ville de Paris）

巴黎市政厅华丽古典的外观让人联想到过去的贵族宫殿，可事实上这里曾经是死刑执行地。当然，现在已经看不到一丝痕迹，尤其是市政厅前的广场已经成了巴黎市民休息的场所。到了冬天，这里会变身为溜冰场，只需要付5欧元，交上身份证，就可以尽情享受冰上时光了。

法国奶酪的神话

安德鲁埃（*Androuet*）
depuis 1909

　　进入巴黎最古老的一条小街巷——穆浮达街，入口处有一家象征巴黎饮食文化的奶酪商店。这就是 100 年以来一直为巴黎人提供奶酪的法国奶酪的活历史——安德鲁埃。就算不了解这一点，单看这座建筑上独特的外墙壁画也会感受到些许不同。

– 134，rue Mouffetard 75005 Paris
– Métro 7 号线 Censier Daubenton
– tél 33.[0]1.45.87.85.05
– www.androuet.com
– 周一至周五 19：30~13：00/16：00~19：30；周六 9：30~19：30；周日 9：30~13：30

奶酪可谓是法国饮食文化的精髓。截至2009年,这家店铺正好走过了百年历史。作为巴黎最古老也是最著名的奶酪专卖店之一,安德鲁埃已经在巴黎市内开设了多家卖场,其中穆浮达街上的这家就是当年开设的首家店铺。

安德鲁埃所在的这栋楼始建于17世纪初,1990年被巴黎市政府认定为文物。值得一提的是,建筑正面所绘的神话故事是意大利石匠阿尔迪凯里在1929年到1931年间历时3年完成的画作,是为当时建筑里一家意大利香肠店兼饭店所画的装饰。正是因为作画的技法独特,该建筑才被认定为历史文物。我正浮想联翩时,一个人微笑着向我走了过来,正是我今天约见的安德鲁埃分店长,著名的奶酪制作人帕特里克先生(Patrick Sourbès)。

我尾随他走进卖场,发现里面摆满了各种奶酪,据帕特里克先生说,通常这里备有200种奶酪。他建议我先逛逛卖场。

众多奶酪中,有一种引起了我的注意。这是一种叫做"1909"的奶酪,是为了纪念安德鲁埃的创始人亨利·安德鲁埃先生而在2009年店铺成立100周年纪念之际研发的奶酪。

据帕特里克说,创始人亨利·安德鲁埃先生梦想让巴黎人品尝到全法国的奶酪,于是开了这家店铺,最早开在

阿姆斯特丹路上。即使是战争期间,他为了让大家吃上品质出众的奶酪,仍然不停地辗转于全国各地,拜会奶酪的制作者。1920年中期,店内所售的奶酪终于超过了100种。

到了1930年,安德鲁埃开始全面开发新的奶酪品种,其中一种叫做布里亚·萨瓦兰(Brillat-Savarin)的奶酪是为了纪念著名食品文化作家让·安瑟姆·布里亚·萨瓦兰而研制的,直到现在还是安德鲁埃众多产品中最为畅销的一款。

后来,亨利·安德鲁埃将家业传给了自己的儿子皮埃尔。学建筑出身的皮埃尔积极学习运营,努力扩大店铺规模,并于1934年开了同名餐厅。皮埃尔跟父亲一样,尤其注重奶酪的品质,所以一直坚持从原产地直接进货的原则。凭借这番努力,20世纪50年代中期,亨利和皮埃尔·安德鲁埃成为了法国最知名的奶酪达人,他们精心运营的安德鲁埃也以上乘的品质和特色吸引了众多名流,其中以家喻户晓的欧内斯特·海明威为代表,电影演员让·迦本、电影导演奥森·威尔斯、电影演员兼制作人三船敏郎等都是这里的常客。

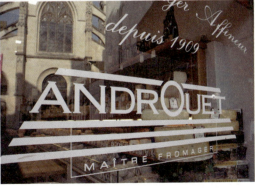

在安德鲁埃能找到全法国的 200 余种奶酪。

现在管理安德鲁埃的是史蒂芬·布洛温（Stéphane Blohorn）先生。身为奶酪名人的他既是法国奶酪制造销售业者协会的奶酪保存人，同时也是审查院委员。而他最为重视的同样是为安德鲁埃选出最上等的奶酪，并不断发掘品质出众的新品。

最让安德鲁埃自豪的成就之一当属研制出高品质的生奶酪（Fromage au lait cru）。生奶酪是用未经低温灭菌的牛奶制成的，低温灭菌指的是温度达到63度以上以杀灭细菌，但制作生奶酪所用的牛奶温度需要维持在40度以下。用这种方式加工出的奶酪能够保留最原始的味道。帕特里克通过先进的生产技术，在确保食品安全的同时制作出品质上乘的生奶酪，这些奶酪主要用于供应高档酒店的晚宴或大使馆的宴席。

制作奶酪最重要的是产奶家畜的饲养，所以安德鲁埃的家畜全部采用放养模式，用天然饲料喂养，使其保持最好的健康状态。同时，安德鲁埃也很注重这些饲养家畜、生产奶酪的制造商们本身的知识与技术。为保证各地区制造方法的先进性，公司还定期组织聚会，研习新的制造方法和技术。

"奶酪的制作是法国传统文化的精髓，没有热情一定做不好这件事。我们之所以能将这些传统保持至今并不断持续开发，要归功于买奶酪和做奶酪的人们对于法国奶酪的那份深切情怀。"

从帕特里克先生那里，我学到了很多平时不了解的奶酪知识。他的说明就像一场演讲，详细又生动。我站在他对面，对身后的其他顾客感到些许歉意。但帕特里克先生似乎并不在意，继续他充满热情的讲解。

据他所说，奶酪大体分为六种。第一种是用产量相对较少的山羊奶制作的奶酪，叫山羊奶酪（Fromage de chèvres），剩下五种的原料都是牛奶。这五种奶酪中的第一种是内部柔软、表面呈白色的花皮软质奶酪（Pâtes molles à croûte fleurie），韩国比较流行的布里和卡门贝尔都属于此类；第二种是稍硬一些、手按下去有些发干的压榨奶酪（Pâtes pressées）；第三种是在55度高温中加热的奶酪，叫加热压榨奶酪（Pâtes pressées et cuites），以孔泰奶酪为代表；第四种是以著名的蓝波奶酪为代表的好似长有蓝色霉菌一样的发酵奶酪——蓝纹奶酪（Pâtes persillées）；最后一种是鲜奶酪（Ultra frais）。

要在如此众多的奶酪中选出一种，该如何选才好呢？我求助于帕特里克先生，他回答我说，要根据时间和场合来选择搭配合适的奶酪。于是我又央求他帮我选出

有句话说,见到长了白色霉菌的奶酪会流口水的才是真正的巴黎人。由此可见,巴黎人就是如此热爱奶酪。

1_ 成熟期长达 3~4 年、风味浓郁的孔泰奶酪作为法国料理的基础被大众广泛使用。

2_ 用山羊奶而非牛奶制作的山羊奶酪和奶油奶酪一样柔软，不必等待成熟就可以直接食用。

3_ 法国各地的牧场会用不同的方式生产奶酪。照片中是南部 Fedou 牧场生产的奶酪。

4_ 表面发霉的布里奶酪口感绵软，适合涂抹在面包上或作为下酒小菜。

5_ 用奶酪专用刀切奶酪的帕特里克先生。

几种比较大众的，他说不同季节人们会搭配不同的奶酪，不过也有几种奶酪可以作为大众料理的基础，比如孔泰（Comté）、诺曼底地区的卡门贝尔（Camembert）、不太成熟的山羊奶酪，还有重口味的蓝纹奶酪洛克福（Roquefort）等。大部分奶酪都适合搭配葡萄酒食用，其中母绵羊奶制成的奶酪适合搭配红葡萄酒，山羊奶制成的奶酪适合搭配白葡萄酒。

如同历时三四年才得以成熟的、表面粗糙但风味浓郁的孔泰奶酪一样，安德鲁埃也经历过 100 年的风霜，将沉淀千年的奶酪文化延续至今。也许 100 年后，安德鲁埃还会像现在一样守候在这里，为巴黎人带来各种各样的奶酪。

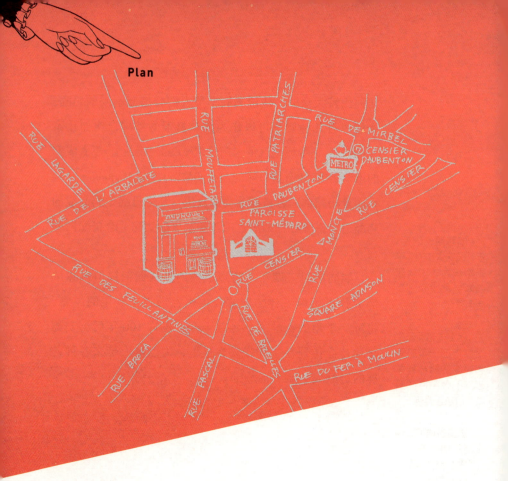

 附近景点

巴黎植物园(Jadin des Plantes)

被路易十三世国王当做"王室庭院"的地方,过去主要栽培药用植物或香草等植物。现在面积扩张至79200平方米的巨大规模,建有巴黎自然史博物馆、动物园、植物园、学校。游客免费进入参观,每个季节都有其独特景色,是很好的游览地。

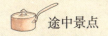# 途中景点

巴黎最古老的街道——穆浮达市场街巷

位于巴黎5区的穆浮达街建于公元一世纪,是巴黎最古老的街道之一,连接圣日内维耶山丘和圣梅达教堂。沿街商铺密集,从普通餐厅、快餐店到酒吧鳞次栉比。临近傍晚时,游客们纷纷来体验法国传统市场的氛围。穆浮达街下方的教堂附近有专门为附近居民服务的食品店和市场,像肉食店、水产店、奶酪店、面包店、蔬菜水果店等,法国传统市场中的大部分店铺都可以在这里见到。

落雨的巴黎市中心，有一家小小雨伞店

西蒙（*Simon*）
depuis 1897

  连接塞纳河与南部卢森堡公园的圣米歇尔路上有一家小小的雨伞店。经过 100 多年时光，依然不变的是对雨伞的极致追求，这就是体现法国雨伞精髓的地方——西蒙。现在店内的雨伞大部分仍然由手工制作。让我们来听听它背后的故事吧。

- 56，boulevard Saint-Michel 75006 Paris
- RER B 线 Luxembourg
- tél 33.[0]1.43.54.12.04
- www.parapluies-simon.com
- 周一至周六 10：00~19：00

三月初的巴黎虽然已经入春，但由于终日阴天下雨，并没有多少春天的感觉，时而还让人感到忧郁。我却喜欢雨中的巴黎，享受一个人静坐在窗边看雨滴从灰色屋顶淅淅沥沥落下的感觉，让思想天马行空地游走。

　　西蒙始于 1897 年，是一家专门销售雨伞、阳伞和拐杖的商店，现在的主人尚塔尔·瓦赞（Chantal Voisin）已经是第三代继承人。这家店从奥斯曼男爵大刀阔斧整顿巴黎时就已存在（据推测是 1820~1850 年间），1897 年由尚塔尔的爷爷接手。如此说来，这家店铺本身的存在时间要比西蒙更久。

　　初次来到西蒙时，主人尚塔尔正在卖场楼下的工作室里进行修缮工作。暂时放下手中工作走进卖场的她身着棕色夹克，领子下方别着金色胸针，配以柔软的乳白色丝巾。在我看来，这身装扮作为工作服实在是过于优雅。作为这家老店多年的主人，她拥有很多常客，大家会将一些简单的修缮工作直接交给她。

　　"我只需要 3 秒钟，就可以大概感觉到一个人适合哪种雨伞。"

　　尚塔尔微笑着说。紧接着她为我挑选了一把画满了猫咪图案的黑色雨伞，也许因为在她看来，东方人的体态相对娇小且圆润。总之，我在她眼中应该很像一只黑色的猫咪。

1

2

3

4

西蒙自己生产产品，也为各大时尚品牌设计他们的产品。对于产品设计，西蒙最为看重的是雨伞打开与关闭时的外在形态。尚塔尔特别强调的是产品一定要好看，而且要避免突出logo的设计。

克丽斯汀·迪奥和法国著名内衣品牌尚塔尔·托马斯（刚好跟西蒙的主人尚塔尔女士同名）都跟西蒙保持着长达30多年的合作关系，相关产品的logo设计都十分低调。尚塔尔·托马斯的雨伞一直以精致的蕾丝装饰闻名，而早在25年前西蒙在与尚塔尔·托马斯的合作过程中设计出的蕾丝褶边，直到现在依然应用于各大商家的设计中。

倾向于使用装饰的西蒙雨伞相当一部分是手工制作出来的。尤其对于一些完成度较高的工艺，需要与蕾丝工坊或雕刻工坊等6家工作室合作完成；而制作工艺越繁琐，雨伞的售价越高，所以如何将价格控制在合理的范围内也是西蒙面临的一大难题。

我在店铺转了一圈，欣赏过各式各样的雨伞后，发现其中有一款深得我心。那是一款手柄被特别逼真地雕刻成鸭子、兔子、猫头鹰、猫咪等动物的三折雨伞，手柄用纯橡木打造，使用越久越会显现光润高贵的质感。带着好奇的心情撑开雨伞，雨伞边缘的碎花也格外雅致美丽。再次折叠起来时，一层层蕾丝重合在一起，像收起一枚花朵。其中那把猫咪手柄的伞，收起时的形态就好像身穿华丽蕾

1_ 西蒙的第三代传人瓦赞女士通过多年的经营已经积累了丰富的经验，从设计到修缮完全可以一手包办。

2_ 在西蒙不仅能买到雨伞，也能买到手柄雕刻精美的拐杖。

3_ 使用多年的招牌。

4_ 门口的这把伞告诉人们这是一家伞店。西蒙每周会在这里换上一把新伞。

丝裙的猫咪静静地坐在那里，脸上还挂着一丝悲伤的表情。

为了配合不同人群的需求，西蒙的雨伞从基本款到蕾丝款应有尽有。采访的时间里，也有几位客人来店里闲逛，各自买走了喜欢的雨伞。一位身着紧身牛仔裤和花呢夹克的高个子女士让店员撑开一把黑色且有些许夸张设计的灰色褶皱边的雨伞给她看，上上下下仔细打量一番后决定买下。在她之后进来一对老年夫妇，仔细挑选一番后，选择了尚塔尔女士为他们推荐的一款简约实木手柄的棕色双折雨伞，看起来很结实的样子。

还有一位说西班牙语的游客买走了鸭子和老鹰手柄的两根拐杖。这两根拐杖起初我并没有注意，可是当看到它们的第一眼时，我想起了自己的爷爷。如果他老人家现在活着，这两根拐杖应该特别适合他。

即便是著名传统老店，也可能会一夜消失或变了味道。不过这些问题暂时不会发生在西蒙，因为这家店已经从外公传给了妈妈，又传给了女儿。不仅如此，尚塔尔的儿子艾曼纽为了继承家业，也开始学习店里的业务。如果有一天，家里那把年代久远、已经披上岁月光泽的老雨伞出现问题，还能找回当初买伞的地方，交给店家负责修理，该是一件多么值得炫耀的事情啊！想到这些，真的会对巴黎人心生羡慕。

作为西蒙的人气商品，这些动物手柄均是由雕刻工坊手工作业而成的。

巴黎人手中的雨伞不仅用来挡雨，也是一种时尚元素，所以"雨伞必须漂亮"是他们的信条。

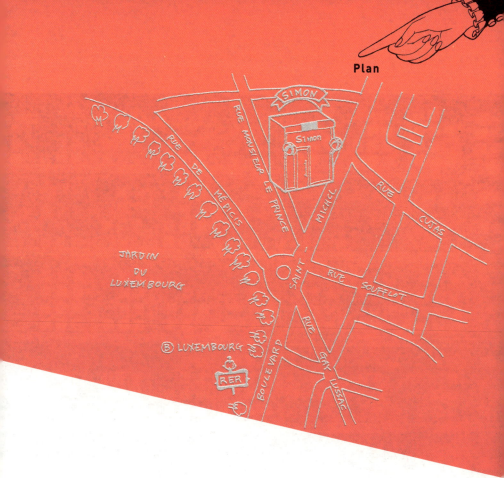

附近景点

卢森堡公园（Jadin de Luxembourg）

亨利四世为他的王后玛丽亚·冯·梅迪奇买下卢森堡宫殿作为私邸之后修建的园林，以法国特有的华丽宫廷风格和恢宏的喷泉景观而闻名。值得一提的是，这里还伫立着很多巴黎著名女艺术家的铜像。公园中心的建筑现在作为参议院使用，游客可免费入园参观。

留存着巴黎艺术家气息的画室

申内利尔（*Sennelier*）
depuis 1887

　　浪漫与艺术之都巴黎！这是我们常听到的宣传。但正是这个已经听腻了的句子在时刻挑动我们内心深处那一根不安分的神经，让巴黎旅行成为大家的梦想。那么，是什么让巴黎成为艺术之都呢？我想，从那些深爱着巴黎的艺术家们身上应该可以找到线索吧。巴黎大小角落里散落的艺术家的痕迹让这些地方变得特别，吸引着众多追随者，这其中就有申内利尔画室。

－ 3，quai Voltaire 75007 Paris
－ RER C 线 Musée d'Orsay
－ tél 33.[0]1.42.60.72.15
－ www.magasinsennelier.com
－ 周一 14：00~18：30；周二至周六 10：00~12：45/14：00~18：30

1900年，19岁的西班牙天才画家巴勃罗·毕加索来到了印象派画家的聚居地巴黎。在当时，生活窘迫的艺术家们喜欢聚在蒙马特地区的老旧工作室里，而年轻的毕加索也在这里经历了不曾想象过的阴暗、贫穷，甚至朋友自杀等极端状况。人们把他的这一时期称为青色时期，相应的作品也以蓝色调为主。

在经历过漫长的煎熬期后，毕加索遇见了一位欣赏自己作品的姑娘，这段感情使他重新回归到色彩斑斓的世界中，这位年轻的画家用绘画作为唯一的方式来记录人生的痛苦与欢喜。而作为表达他内心世界的"色彩"又从哪里获得呢？这次，我找到了存有毕加索历史痕迹的地方——一家有着上百年历史的巴黎古老画室"申内利尔"。

早在毕加索来到巴黎的13年前，即1887年，开在美丽塞纳河畔的颜料制造商店申内利尔就已经成为了卡米耶·毕沙罗、保罗·高更、瓦西里·康定斯基、皮耶·波纳尔等声名显赫的大艺术家们时常光顾的地方。而它的良好口碑与名声也一直延

过去,作为画家们的密室,大家经常在这里探讨新颜色的制作方法。

续至今，吸引了奥利维尔·德布雷、弗朗索瓦·鲁昂、马歇尔·雷斯等众多知名画家，甚至还包括不同领域的艺术巨匠，如摄影师亨利·卡蒂埃·布列松等。

在染料、油彩、蜡笔等色彩制作上，申内利尔享有巴黎最高声誉。虽然我所学习的复原技术并非纯美术，不过工作时也会需要颜料，所以我也是申内利尔的常客。

去申内利尔买画具的心情通常是愉悦的。能买到好东西是一方面，另外对于十分在意物品摆放空间的我来说，申内利尔这样的老店每每都能激发我的灵感。

申内利尔散发着老画室独有的味道。当年画家们努力寻求符合自己画风的独有色彩的痕迹，在深邃的时间轴里化作一股味道，浸入店内的家具中。此外，申内利尔坐落的塞纳河边这一优越的地理位置也决定了它的艺术氛围。经营店铺的公司法语叫做 Couleurs du Quai，译为"江边的色彩"，名字亦十分感性。遥望画廊与老店林立的塞纳河边，这个名字大概是"独一无二"的选择。所以对于其中之一的申内利尔，除专业画家之外，很多刚刚在旁边卢浮宫或奥尔赛美术馆欣赏完大量作品、还沉浸在那些优雅色彩中无法自拔的人们也会到这里逛一逛。

我去申内利尔采访的时间选在了平常并不开门营业的周一上午。之所以选择这一时间，主要是因为平日里店铺忙得不可开交，只能在早晨开门之前进行采访和拍摄。

乘地铁到奥尔赛美术馆下车，沿着江边步行大约10分钟就能看到申内利尔，只是尚未营业。我绕到后门，正巧碰到这里的职员。我表明来意后，他便引我去见多米尼克·申内利尔（Dominique Sannelier）。

首先要经过一条狭窄到只容一人通过的螺旋楼梯，一脚落下，楼梯还咯吱作响。接着我又看到一条长长的走廊，两侧挂着很多黑白照片，记录了从前申内利尔的样子和工人作业的场景。顺着这些照片经过狭长的走廊，也路过几间堆满了架子、架子上满是物品的房间，这才来到真正的办公室。卖场和办公室完全分离，能借此机会看到商店不为人知的一面着实令人兴奋。我走进办公室，身着灰色西装的帅气老绅士多米尼克·申内利尔先生从座位上站起来，

创始人古斯塔夫·申内利尔之后五代人的家族照片。正因为他们，世人才得以看到毕加索拥有丰富色彩的画作。

与我热情地握手表示欢迎。

"Bonjour，快请进。我一直在等您。"

从姓氏上就可知晓，他正是画室的第三代传人，创始人是他的爷爷古斯塔夫·申内利尔。

"爷爷是个喜欢化学的人。用水、油、木炭反复试验，萃取制成各种颜色，这件事本身非常吸引他。所以在1887年，他选了一个离卢浮宫和美术高校（Ecole des beaux-arts）都很近的地方，也就是这里创办了颜料商店申内利尔。"

据他所说，现在店里的主要商品产自法国一个叫布列塔尼的地方，不过在创店初期都是在巴黎直接制造。由古斯塔夫调配出的颜色，色度十分精确，在艺术家中一直享有良好口碑。

19世纪末，申内利尔与当时活跃的印象派画家们建立了很深的渊源。爷爷古斯塔夫用一种陌生的矿物制作出了新的颜色，发明了让人惊叹的技术；而印象派画家们一向对新色彩来者不拒，他们用古斯塔夫的新颜料创作出了许多新作。特别是著名画家毕加索，本来为表现土的颜色，他一直使用真土；等到古斯塔夫用化学方式完美再现了泥土的颜色，毕加索便立即采用了这种矿物颜料。

由于申内利尔优越的地理位置，这里也成了艺术家们的见面场所。大家在这里互相交流意见，根据各自的需求提出对于质感与色彩的要求，再由申内利尔来进行加

将水、油、糨糊、鸡蛋等按不同比例混合可制作出油彩料、粉蜡笔、油蜡笔、彩色铅笔等形式不同的颜料。

工。如此一来，似乎模糊了技术与艺术的界限。而对于致力于新颜料开发的画室主人古斯塔夫，说不清他是单纯的技术人，还是集技术人与发明家于一体，抑或还称得上是艺术家。

随着聊天的进行，我开始好奇这些色彩之所以能抓住众多艺术巨匠们的心，其核心元素究竟是什么。申内利尔先生听说我平时使用的也是自家颜料，面露欣慰的表情，开始为我进行详细说明。

"首先颜料可以分为动物性颜料、植物性颜料、矿物性颜料等天然颜料与合成颜料两大类。天然颜料多使用虫子、昆虫、花朵、果实、堆积土层等自然界原料制成，已有3000多年的历史，但颜色上限制较多。比如，很难合成蓝色系的颜料，所以包括蓝色在内的稀缺颜色就卖得特别贵，而原料供给不同也会导致质量差异。另外，土质变化和品种保护也会带来生产上的限制。"

我在工作室使用黑色颜料时，老师也曾经说过以前黑色颜料主要靠烧制象牙制得。近年来由于象牙愈发名贵，行业内正在寻求其他替代原料。而原料不同必定会导致色彩差异，所以为了寻求稳定的原料供应，可想而知申内利尔等一众画室为此付出了多少努力。

据多米尼克说，在制作天然颜料时，除色感与质感之外，颜色是否会因光线而发生变化也是至关重要的。申内利尔做出的各种合成颜料独树一帜，以精准细腻著称，合成颜料随着19世纪化学物质的普及使用而出现。如此想来，我不禁好奇是否由于多米尼克合成颜料的问世，才有了莫奈等印象派画家的不朽名作。

从水、油、木炭中萃取成分、制作颜料几乎就是化学家的工作。将水、油、糨糊、鸡蛋等原料混合搅拌配置出颜色并塑造形状，这一过程在以前全部由手工完成，现在已改为机械作业。根据各种原料配比不同，不仅可以呈现无数色彩，还能生产出油彩料、粉蜡笔、油蜡笔、彩色铅笔等不同的颜料。

在漫长的岁月里，申内利尔一直恪守精益求精的制作工艺，保证色彩的完美，凭借精湛的传统工艺和独有的微妙颜色吸引了当代诸多艺术名家。我想这份骄傲与不懈的努力，其原动力大概就来自于对自己产品的认可吧。

来到卖场转了一圈，这里本是我熟悉的，此刻却感到陌生，因为没有了络绎不绝的人群。

刚刚走廊里那些黑白照片中的家具此刻就摆在眼前，似乎再现了100年前的场景。

为测试笔芯深浅在白纸上做的涂鸦并不多见。现在也有不少画家来到这里,对着别人的涂鸦寻找创作灵感。

古斯塔夫店内的古典家具原封不动地呈现了100年前这里的面貌。

  将绘画视为表达自我内心世界唯一方式的青年毕加索，应该也会在忧郁的日子里来选购一些蓝色，在明朗的日子里来选购一些粉色吧。也不知申内利尔见证了多少画家的喜怒哀乐。关了卖场的灯，出门来到街上，巴黎的景致化作各种天然颜料呈现在眼前。不知那些画家的笔下是如何描绘巴黎的。不觉间，我的脚已带领我踏上了前往附近美术馆的路。

Plan

附近景点

奥尔赛美术馆（Musée d'Orsay）

建筑正前方悬挂着一枚巨大的钟表，是巴黎的象征。这里曾经作为火车站和酒店，后改为美术馆，专门展出1848年至1914年间的艺术品。建筑内部还保留着火车站的构造，中间通透开放，划分为四个楼层。在楼顶可以俯瞰巴黎市内。

玛丽·安托瓦内特迷恋的巧克力

黛堡嘉莱 (Debauve & Gallais)
depuis 1800

位于塞纳河左岸圣佩尔街上的黛堡嘉莱是法国巧克力文化的见证。创店于1800年的黛堡嘉莱不仅具有悠久的历史,也是巴黎众多巧克力专门店中唯一由皇室指定的巧克力供应商。

– 30,rue des Saints-Pères 75007 Paris
– Métro 4号线 Saint-Germain-des-Prés
– tél 33.[0]1.45.48.82.38
– www.debauve-et-gallais.com
– 周一至周六 9:00~19:00

法国巴黎第一巧克力品牌黛堡嘉莱的创始人苏比士·黛堡（Sulpice De Bauve）原本是路易十六的药剂师。出于对巧克力中药用成分的关心，他致力于健康美味产品的开发，最终创立了一家王室特供的巧克力专门店，即现在的"黛堡嘉莱"。

他开发制作的诸多巧克力中，最著名的当属为玛丽·安托瓦内特制作的"玛丽金币"。玛丽王后生前极其厌恶吃药却喜爱甜食，所以他将药剂混入巧克力中，做成铜钱的形状以满足王后的口味。意想不到的是，这款巧克力在历经数百年后依然是店内的人气商品。

1823年，一个人忙前忙后的苏比士邀请同为药剂师的侄子奥古斯特·嘉莱（Auguste Gallais）一起打理店铺，并将店铺正式更名为黛堡嘉莱。两人利用各种各样的食材反复试验，开发出许多对健康有益的巧克力产品，在巧克力的发展史上留下了丰功伟绩。

其中最具代表性的发明有最早的即饮冰可可（Théobrome），还有一种叫做

黛堡嘉莱圣佩尔店面所在的建筑已被法国政府指定为历史文物。

lactoline的保存脱水牛奶的方法,在现代烘焙和食品科学发展史册中都是极其重要的一笔。在此后的200多年里,该店铺一直由家族成员经营,在持续不断研究与开发的同时也良好地维护了店铺的传统。

主人伯纳德兴致盎然地为我讲述了关于品牌历史的种种有趣故事,尤其是创始人及其家族将巧克力传入王室的经历听得我意犹未尽。据他说,最初巧克力得以传入法国要归功于路易十四与西班牙公主玛丽亚·特瑞莎的婚姻。当时西班牙国王将自非洲引进的可可豆视作皇室珍宝,严禁出口,不过非常喜爱巧克力的玛丽亚·特瑞莎在1659年嫁入法国时还是将巧克力一起带了过去。

为了满足妻子对巧克力的喜爱,路易十四对厨师大卫委以建设巧克力工坊的重任,让他无论如何要将西班牙的巧克力制作工艺学会。于是大卫在法国王妃的庇护下,花了15年时间偷偷从西班牙引进了最高端的食材来制作巧克力,之后这种工艺也被贵族乃至平民百姓所知。

路易十六时期出现了历史上第二家巧克力工坊,这就是苏比士·黛堡的黛堡嘉莱。有趣的是,第一位巧克力工匠大卫正是苏比士·黛堡的曾祖父。如此世代相传,可以说黛堡家族的历史几乎就是法国巧克力的历史。

黛堡嘉莱另外独具魅力的一点是它古老的内部装饰。一如它对巧克力历史的见证,其店面的历史也十分

拿破仑一世时期由佩西耶与芳登设计的黛堡嘉莱圣佩尔卖场几乎保留了200年前的内部装潢，进店就能体味到当时法国的高端室内装潢。

悠久,卖场所在的建筑已被法国政府指定为历史文物。这座建筑出自19世纪拿破仑最钟爱的两名建筑师佩西耶(Percier)与芳登(Fontaine)之手,圆顶形的天花板正是当时建筑风格的代表,非常华美。黛堡嘉莱在最大程度上维持了当年的原貌,只更换了地板。

办公室位于卖场二层,去往这里必须经过卖场右侧的大门。我跟随伯纳德先生推开一扇厚重的大门,进入了这栋旧时法国式公寓内部。听说以前这里全部属于黛堡嘉莱,曾作为仓库和制造室使用。

顺着阴暗古朴的螺旋形楼梯一路向上,办公室的布置仿佛把人带入了19世纪沙龙的光景。平时就喜欢逛古董店和跳蚤市场的我就像置身于宝物仓库一般,难以抑制地兴奋。伯纳德说这里的大部分物品都是先人作为古董收藏的。社长办公室与接待室相连,里面展示了许多200多年以来生意伙伴赠予的艺术品,其中令我印象最深刻的两件是王后玛丽·安托瓦内特钦赐的半身雕塑,还有路易十六所赐的路易十四抽象画。这些收藏让人更真切地感受到王室与黛堡嘉莱的渊源。

画家中也有很多人喜欢巧克力,所以自然也有不少礼物来自这些人之手。比如著名浪漫主义画家欧仁·德拉克罗瓦,写实主义画家居斯塔夫·库尔贝,印象主义画家卡米耶·毕沙罗等。这些绘画巨匠的作品整齐陈列在办公室里,几乎有置身于美术馆的错觉。

从社长办公室和接待室走出来,走廊两侧是品牌创始人苏比士·黛堡与历代社长的抽象画。现任社长和其母亲鲍尔·坎布里埃是霍根家族的后代,他们的上一代、路易斯·奥古斯汀与苏比士·路易霍根夫妇分别为创始人奥古斯汀·嘉莱的外甥女和苏比士·黛堡的侄辈亲戚。这样看来,黛堡家族与嘉莱家族既是亲戚又是合伙人,而他们共同创造的品牌又延续到了后代,也就是现任社长伯纳德·普桑这里。从这些画像的背后,我似乎看到了延续200年历史的巧克力文化。

接待室里放置着柔软的长沙发,沙发前的茶几上摆放着雕琢精细的水晶盘子,盘子里是做成一口大小的臻萃巧克力和甘纳许巧克力,旁边有水壶与水杯。伯纳德先生见我面露迟疑,温和地微笑着说会教我如何品尝巧克力。说话间,他拿起一颗混合了坚果碎的黑巧克力臻萃,让我将一整颗放入口中。

"巧克力融化最适宜的温度正是我们口腔的温度——36摄氏度,而室内温度通常介于20至22摄氏度之间。所以正确的食用方法是先拿起一颗巧克力放入口中含上5

保存在其中一间办公室中的黛堡嘉莱复古包。虽然是100年前的东西，现在看来仍然优雅精致。

秒，等待表面有稍许融化，再张开嘴让空气进入，咬开巧克力，初步感受它的香气。然后让空气与巧克力在口中充分混合，慢慢咀嚼至融化，这样才能充分体会到巧克力的味道与芬芳。"

　　从来不知道原来巧克力要如此品尝。我按照伯纳德先生的方法，剥开一颗臻萃巧克力整个放入嘴里咀嚼起来。果然巧克力深邃的味道在杏仁浓郁的芳香中得到升华，幸福感顿时在口中蔓延开来。

　　其实，巧克力的制造工艺在200年前就已基本成形，其根本要领在于从可可豆的多种不同混合中找到最佳组合。这种品牌化的工艺就好像葡萄酒的制作过程，需要严格甄选葡萄种类并按精确比例进行配比与调和。

　　通常，可可豆的品质与属性很大程度上取决于栽培地

的土壤与天气，所以产地的选择也极其重要。为制作出最高品质的巧克力，黛堡嘉莱的可可豆有 80% 产自中美地区，另外 20% 产自加纳等非洲国家。

这次采访中我还了解到，最初的巧克力并非我们现在所知的固态形状。固态巧克力起源于 19 世纪，在此之前，人们主要将巧克力与牛奶混合搭配饮用。根据巧克力适宜搭配牛奶这一特性，人们发明了多种牛奶巧克力，而深受大家喜爱的甘那许巧克力就是其中一种。

甘那许巧克力本来只是一种加入了牛奶的巧克力，以极佳的润滑口感著称，不过现在好多在中间加了馅料的夹心巧克力也被叫做甘那许。黛堡嘉莱的甘那许混合了 3 种不同的可可豆，比例正是整个家族经过 200 年研制所得的秘方。

结束对伯纳德先生的采访后，我拜托他推荐几款巧克力，他犹豫片刻后向我推荐了黑巧克力。他莞尔一笑说，通常来自韩国、日本、中国的游客比较偏爱黑巧克力，也许是东方人更喜欢巧克力纯粹的味道吧。

据说黛堡嘉莱的黑巧克力混合了多达 7 种可可豆。不知道是不是这个原因，这里的黑巧克力虽然水分和油分含量较低，越嚼越觉苦涩的同时，却还伴随着微微的酸涩与甘甜，是我迄今为止吃过最无与伦比的味道。

最后，我请求为伯纳德先生拍摄一张照片。他背对洒满阳光的窗边面露微笑。我透过镜头观察他，眼前浮现出

黛堡嘉莱的甘那许巧克力之所以能够呈现绝妙的味道，要归功于 3 种可可混合的比例。这是黛堡嘉莱家族花费近 200 年的时间研制出来的。照片中是黛堡嘉莱销售的各种巧克力及包装。

不久前看过的抽象画中黛堡嘉莱的先人们。如今他同那些先人们一样，倾力维护着这份从法国王室传承下来的巧克力文化。想到这里，我不仅对伯纳德先生心生敬意。

接待室中挂着黛堡嘉莱先人们的抽象画。现在的主人伯纳德先生一直以自己的家族为荣。

Plan

 附近景点

双叟咖啡馆（Les Deux Magots）

从萨特与波伏娃到兰波、圣艾修伯里、海明威，再到现今享誉世界的学者安伯托·艾柯，双叟咖啡馆是法国知识分子会面的代表场所。1933年，该咖啡馆创立了以自己名字命名的文化奖并提供奖金支持。坐在这里，可以感受到旧咖啡馆独有的厚重感和浓郁的文化气息。

朱勒·拉维罗特所建的新艺术派代表建筑

柯蒂娜药房（*Pharmacie Cotinat*）
depuis 1898

  我非常喜欢首尔北村的建筑。一座座低矮的传统韩屋坐落在高低不同的狭窄巷子里，其中一条巷子的尽头，有一家牙科诊所叫"理解之家"，最初始于 1907 年，当时叫做"牙屋"，后来换了主人、换了牌匾，却没有更换内容。漫步在巴黎的街头巷尾，我常常能想起这里。就像这家新艺术派建筑中的柯蒂娜药房，最初就是一家药房，也以药房的名义存在了 100 多年。

- 151，rue de Grenelle 75007 Paris
- Métro 8 号线 La tour-Maubourg
- tél 33.[0]1.47.05.44.85
- 周一 14：00~20：00；周二至周五 8：30~13：00/14：00~20：00；周六 9：00~13：00/14：00~19：30

通常我会从两方面去考量巴黎的这些老店。一是店铺所生产的产品历史悠久,二是店铺本身久经岁月洗礼,成为了巴黎历史的一部分。前者所拥有的产品一般脱离原产地,成为巴黎某一传统领域的开拓和基奠;既是名品,又与巴黎人的生活息息相关。

大部分的巴黎老店是两者兼而有之,不仅销售的商品为日常所用,其内部的历史痕迹也几乎被原封不动地传承下来。柯蒂娜药房所在的建筑是法国新艺术派建筑的巅峰之作,现今也是巴黎建筑艺术的一部分。

位于巴黎 7 区格勒纳勒(Rue de Grenelle)路上的柯蒂娜药房其实是主要服务于社区居民的药房,游客从前面经过时通常不会驻足停留。但如果稍加留意,就会被这里的与众不同所吸引。

这座新艺术派建筑已被指定为历史文物。提到新艺术风格的作品,很容易让人想到巴黎地下铁。我们常常能在巴黎地下铁的入口处看见别出心裁地使用绿色铸铁支架所做的装饰,这便是 1900 年出自新艺术派大师赫克多·吉玛德(Hector Guimard)之手的设计。现今新艺术派建筑的巅峰之作是西班牙的高迪教堂。这种专注于美学的建筑风格单纯呈现了唯美的设计,在实用性上有所欠缺。

20 世纪法国的朱勒·拉维罗特(Jules Lavirotte)是新艺术派风格的代表建筑设计师,在巴黎共有 9 栋建筑出自

他之手，其中就包括1898年完工的柯蒂娜药房所在的这栋楼。该建筑的特点是规避了所有的对称设计，其墙壁、窗户、阳台每一处的构图都各不相同且风格迥异，大量运用曲线作为装饰。所以初次看到这栋建筑时，就算是不了解新艺术派风格的人，也会感到它的与众不同。

1972年，药师路易·柯蒂娜（Louis Cotinat）正式接手了这间药房并用自己的名字为之命名，但没有改变内部装潢。现在这里由她的女儿弗朗索瓦丝·雷什·戴·拉瓦（Francoise Rech de Laval）女士经营。走进店铺就会发现，这里依旧完好保留了100年前的内部构造，让人仿佛穿越了时光。

壁橱的陈列柜经过多年使用，已经泛起了岁月的光泽，上面悬挂着一个雕琢精细的时钟，壁橱里则整齐摆满了棕色的药瓶。据说这些药瓶从很久以前就开始使用，其中一部分还是喜欢收集古董药瓶的柯蒂娜女士作为藏品收藏的，有不少瓶瓶罐罐的历史比药房还要悠久。

以前药房所售的药品通常由药房亲自制造，所以药房配有自己的制造室。据说柯蒂娜曾经也有自己的研究试验室。听到这里，我不禁好奇这里也许藏有什么流传至今的秘方。可弗朗索瓦丝女士听完我的疑问后却比我笑得都凶，还连连摆手。

看到这些年代久远的药瓶，我想起了自己房间里躺着的那些小药罐。以前工作室的老师告诉我们最好将颜料放在药瓶中保存，而我为了搭配工作室的氛围，也收藏了一些心爱的瓶瓶罐罐。此时看到这堆满了古老药瓶的陈列柜，不禁心生羡慕，自己也想收集更多。

　　结束谈话后正要离开，弗朗索瓦丝女士告诉我附近还有另一座朱勒·拉维罗特的著名建筑不容错过，并为我写下了地址。虽然是柯蒂娜后期的建筑，但因外观唯美，非常值得前往。柯蒂娜一行结束之后，虽然对建筑风格仍然不甚了解，但是能够意外欣赏到目的地周边隐匿的美丽建筑，或是像当地居民一样在社区老药房买上一小瓶乳液，都成为了旅行过程中的种种小确幸。

1_ 建筑师朱勒·拉维罗特还曾负责这间药房的室内设计。室内陈列以及家具材质均出自这位巨匠之手。

2、3_ 很久以来这里一直作为药房存在，随处可见作为装饰的瓶瓶罐罐。

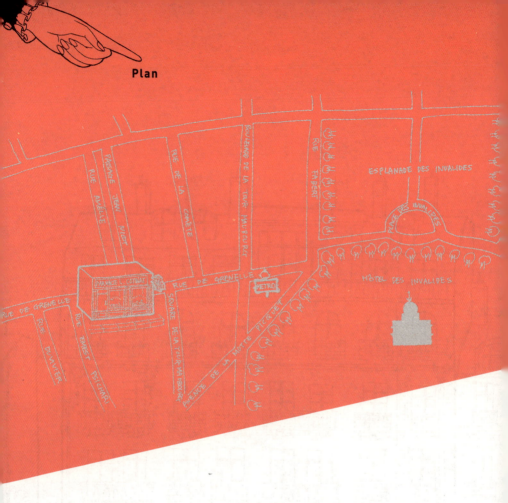

Plan

 附近景点

荣誉军人院（Hôtel des Invalides）

这是一座圆顶教堂，拿破仑的墓就安置于此。教堂一侧是军事博物馆，主要展示第二次世界大战时的军事用品与模型。拿破仑的墓供游客免费参观，军事博物馆需另外购票。

途中景点

朱勒·拉维罗特设计的另一栋建筑

　　这座位于巴黎 7 区 Avenue Rapp 29 号的高级老式住宅于 1901 年竣工，其外观由知名陶瓷专家亚历山大·比戈（Alexandre Bigot）和当代著名雕刻家菲尔曼·米舍莱（Firmin-Marcelin Michelet）等合作完成，曾在 1905 年巴黎市举办的建筑外观比赛中获奖。正面与屋顶上的雕刻于 1964 年被指定为 20 世纪历史文化遗产。

寻找巴黎丢失的红酒香

奥革（*Augé*）
depuis 1850

著名作家马塞尔·普鲁斯特在《追忆似水年华》一书中写到，将玛德琳在红茶里蘸湿送入口中，一股来自于遥远回忆中的香气在口中蔓延开来。想必他是个对气味和味道敏感的人。其实不太敏感的我，有时也会因闻到某种味道而陷入回忆。而从今往后，每当我闻到混合着橡树桶味道的葡萄酒，大概都会泛起和马塞尔·普鲁斯特同样的回忆。这份回忆来自于巴黎最古老的葡萄酒窖——奥革。

– 116，boulevard Haussmann 75008 Paris
– Métro 9 号线 Saint-Augustin
– tél 33.[0]1.45.22.16.97
– www.cavesauge.com
– 周一至周六 10：00~19：30

初次来到巴黎的这家葡萄酒窖兼葡萄酒商店那天,天空还飘着蒙蒙细雨。在巴黎众多的红酒商店中,奥革以保有最优质的葡萄酒著称,同时也有着古老葡萄酒窖独有的历史痕迹。

单是看到卖场里密密麻麻摆满的红酒瓶和巨大的橡木桶,我就已经兴奋起来,真想立刻挑选一瓶中意的美酒搭配奶酪,开怀畅饮。这家店铺绝对值得介绍给任何一位深爱葡萄酒的朋友,只不过跟社长马克(Marc Sibard)先生邀约采访可没有那么容易。

几番邮件往来后,好不容易得到了采访许可的我再次前往奥革,此时的奥革几乎人满为患。在穿梭往来的店员中,社长兼酒侍马克先生对我点头微笑,以示欢迎。

奥革是初建于1850年的巴黎最古老的葡萄酒窖(Cave du vin),当地人也叫它"Cave Auge"(Cave即法语酒窖之意)。然而最初这里却不只销售葡萄酒。早在19世纪中期时,奥革也像其他大部分商店一样,除葡萄酒之外,还销售水果、蔬菜、肉类等,是一家综合商铺。特别是当时流行狩猎,猎手们常常将猎到的兔子放在奥革销售,所以奥革也是当时销售兔肉的知名食品商铺。当时人们常常用葡萄酒来搭配兔肉,奥革也因此而转型为葡萄酒专门店。后来酒窖渐渐有了些名声,开始吸引社会各界名流,其中就有《追

奥革主人马克(左)和葡萄酒制造者弗莱德(右)既是生活中的朋友又是生意上的伙伴,他们都深深地爱着奥革酒窖。

忆似水年华》的作者马塞尔·普鲁斯特。

其实，如此名声显赫的奥革也曾经遭遇过不小的危机。第二次世界大战前，一直业绩辉煌的奥革在1945年后逐渐显现出管理不善的问题，因为当时从父亲那里接手店铺的女儿恰巧滴酒不沾。也就是从那时起，奥革的酒单质量开始下滑，之前建立的良好口碑也慢慢消失了。

现在的主人马克20年前买下这里时，酒单已经称不上最佳，酒窖里保有的葡萄酒品类也不算多。比谁都熟知奥革曾经辉煌的马克不忍看见奥革的持续衰落，最终决定接手这里，并立志重振当年的雄威。他走遍整个法国，四处搜寻甄选上等葡萄酒，开始创立一张全新的酒单。

几年后，在马克的努力下，奥革终于重新成为拥有最佳酒单的酒窖，找回了失落的口碑。从马克津津乐道的神态和他闪着亮光的眼神中，我可以读出他对奥革、对葡萄酒有着多么深厚的情感。

"为了复原奥革自19世纪以来所创造的文化，我们真的做出了很多努力，尤其是在葡萄酒的品尝上花费了大量时间。即便是在奥革重新步入正轨后，我也没有停止对海外葡萄酒的甄选，这里的酒单一直都在更新。"

现在，奥革的顾客已经十分多元，法国人自不必说，还有来自世界各地的固定买家和游客。由于奥革没有大量的出口业务，很多海外买家特地找过来，其中以亚洲与南美地区的私人买家与品酒师为主。另外，巴黎举行的大小

1850年建店的奥革是巴黎历史最悠久的葡萄酒窖,拥有最丰富也最优质的酒单。

活动和各国使馆的宴会上也不乏出自奥革的美酒。

在我跟马克的对话过程中，偶有熟人从店前经过，与我们点头示意；还有些人直接过来坐在旁边倾听我们的聊天，其中在勃艮第地区经营红酒酿造厂的弗莱德先生（Fred Cossard）自采访刚开始就与我们坐在一起。当我问到怎么选择红酒时，他出面讲道：

"要选出上等红酒，首先得了解红酒的生产工艺。葡萄要人工采摘，越是用原始的方式生产的红酒品质越好。红酒的制造是借助土地的力量，红酒产地中，勃艮第地区的土壤非常适宜。除此之外，当然还要保证生产环境整洁卫生，不添加化学成分与添加剂。所谓天然红酒指的是生产过程中不添加任何化学成分，酿造过程中不添加或几乎不添加二氧化硫。"

据马克所说，与奥革合作的葡萄栽培专家全部采用小规模的栽培模式。放弃大规模栽培是因为优质葡萄的生产需要管理控制好诸多条件，而当栽培超过一定规模时则很难实现。这种摒弃大规模流程式作业、遵守小范围传统生产模式的做法是工匠精神的十足体现。

与马克先生结束谈话之际,奥革聚集了更多客人,店员已经来叫过他几次。他一边从座位上直起身子一边对我说,如果想了解真正的法国红酒文化,可以参加明天的品酒会。在奥革,常常会举办各种品酒会,邀请现阶段合作的各位葡萄酒制造商前来展示自己的产品,供大家品尝。而且在为期一周的品酒会期间,所有展示商品均可享受10%的购买折扣。听到有这么好的机会直接体验从产地带来的葡萄酒,我毫不犹豫地答应了。

巴黎的春天一如既往的变化无常,第二天又是一个蒙蒙细雨天。我于下午4点再次来到奥革,尽管雨还在下,这里依旧聚满了人群。周围已经堆满了喝完的空酒瓶,可以猜想一天之内这里已经有多少人来往。

品酒会上,奥革准备了当天的红酒清单,人们可以任意试饮清单上所列的红酒;若有疑问,可以直接咨询每张吧台前配备的酒侍们。整个品酒会上,人们三五成群地围在酒桶做成的吧台四周,品尝不同红酒,互相交流意见,气氛非常随性自由。

正在我品尝一杯白葡萄酒之际,马克先生走了过来,脸上挂着明快的笑容,问我是否享受法国的红酒文化。我再次感谢他的邀请,表示这对我是一次很棒的经历,顺便询问红酒之于法国人的意义。听到问题的瞬间,马克先生

(上)前来参加奥革品酒会的人们。

(下)置于角落里的大橡树桶,在品酒会当天化身为帅气的吧台。

换上了一副非常认真的表情。

"葡萄酒是法国文化的代表,也是法国生活的精髓所在。而奥革酒窖就好似一家记载了法国葡萄酒文化的图书馆。"

品酒会结束后,我提着一瓶称心如意的葡萄酒向地铁站走去,一路上看到很多像我一样手拎奥革酒袋的人们,每个人的脸上都带着些许满足的神情。看见这些面孔,我突然领略到马克那番话的意义。恰逢下雨的周末,我想我也应该叫上附近的几个朋友,一起听着雨声,品尝这芬芳的天然红酒。

附近景点

雅克马尔·安德烈博物馆（Musée Jacquemart-Andre）

从圣奥古斯汀（Saint-Augustin）地铁站出来，沿着Hausmann大街向奥革相反的方向走，右手边会看到一间博物馆。这里本是一对喜爱收集艺术品夫妇的私人藏馆，主人过世后，所有藏品包括该建筑本身一起被捐赠给巴黎学士院，现由国家负责经营。众多藏品中以伦勃朗的作品为代表，称得上法国最美的私人博物馆。另外，每周日中午11点到下午3点，这里会举办高端沙龙，其中午餐的菜单颇有人气。

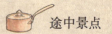 途中景点

甜蜜的诱惑，巧克力商店

忧郁的猫咪 (*au Chat Bleu*)
depuis 1912

　　从圣奥古斯汀（Saint-Augustin）站下车前往葡萄酒商店奥革的路上，有一家广受巴黎人民喜爱的可爱商店。这家店最初创立于 1912 年的法国北部图葛市，创始人是一对小姐妹。因为她们养了一对可爱的波斯猫，当地的孩子们特别喜欢这家巧克力店和波斯猫，所以她们干脆就把店名叫做"忧郁的猫咪"。她们从不同产地甄选优质可可豆，做成香味浓郁的巧克力，店铺得以飞速成长，后来开始供应图葛地区的各大高端酒店。1989 年，店铺开到了巴黎。现在全法国地区已开设有 5 家分店。

　　这里所有的商品中，最有人气的要数巧克力上画着蓝色猫咪头像的"忧郁猫咪"了。另外一款内部注入了双层牛轧糖芯的口感绵软的香草慕斯沿用的是 1912 年开店时的配方，还有一款老鼠模样的巧克力也深受大众喜爱。

－ 85, boulevard Hausmann 75008 Paris
－ Métro 9 号线 Saint-Augustin
－ tél 33.[0]1.42.65.33.18
－ 周一至周五 9：00~19：00

口感柔软丰富的鹅肝酱专卖店

瓦莱特（*Valette*）
depuis 1920

    鹅肝酱对于我们虽然陌生，却是深受法国人民欢迎的高端食材。鹅肝酱用鹅或鸭的肝制成，在法国要想品尝上等鹅肝，最好选择在各大活动中得奖30余次、产品得到广泛认可的鹅肝酱生产连锁店"瓦莱特"。

    瓦莱特的发源地佩里格地区在很久以前就是著名的鹅肝酱产地。在瓦莱特,不仅对产品进行严格的IGP（原产地名称保护）管理，且要求所有产品均使用传统的生产工艺。由于制作鹅肝酱所用的原材料都取自西南地区自然状态下用玉米喂养的鸭子和鹅，味道大体无异，所以不像红酒一样分出不同系列。

    鹅肝酱分为冷藏制品与罐头制品。冷藏制品为半熟状态，故有效期较短，更为新鲜美味。除此之外，鹅肝酱还分为整块肥肝和零碎肥肝。前者毫无疑问更为优质，不过后者更适合作为前菜抹在面包上，所以也广受欢迎。若搭配甜白葡萄酒则更能突出风味。

— 112, boulevard Hausmann 75008 Paris
— Métro 9 号线 Saint-Augustin
— tél 33.[0]1.45.22.54.04
— www.valette.fr
— 周一至周五 9：00~19：00

嵌入口中的奢侈，可爱的马卡龙

拉杜丽（*Ladurée*）
depuis 1862

　　散发着轻柔玫瑰香的淡粉色玫瑰、甜蜜温润的奶油色香草、新鲜明艳的亮黄色柠檬、黑色外表味道琢磨不透的甘草……两片圆形饼干中间填充着绵软奶油夹心的马卡龙，单凭其华丽的外表就能给人带来愉悦；咬上一口，甜腻感让愉悦的心情又多加几分。在巴黎，最能买到这种色泽丰富的奢侈甜品的地方非拉杜丽莫属。

- 16，rue Royale 75008 Paris
- Métro 8，12，14 号线 Madeleine
- tél 33.[0]1.42.60.21.79
- www.laduree.com
- 周一至周五 8：30~19：30；周五至周六 8：30~ 20：00；周日 10：00~19：00

从协和广场到凯旋门的香榭丽舍大街堪称巴黎最著名的街道,这条街上有一家薄荷色的甜品店,活泼可爱的外观让人禁不住驻足看上几眼。拐角橱窗里,五颜六色的马卡龙——一种用椰浆、面粉、蛋白、白糖等原料制成的法国高级甜品仿佛在向人们招手。这里正是巴黎最著名的马卡龙品牌——拉杜丽的香榭丽舍店。该品牌的大皇宫分店是开设于19世纪的首家店铺,现在已发展成4家,是法式甜品与马卡龙的代表品牌。

对于每次来巴黎都会跑到拉杜丽买上几颗马卡龙的我来说,将这里作为取材地之一是一件理所当然的事。然而很可惜,这里并不轻易接受采访,不过我还是与他们的宣传负责人纳斯塔西亚·布热津斯基(Nastasia Brzezinski)女士通过往来邮件了解到了有关拉杜丽的历史和种种有关产品的有趣故事。

拉杜丽最初起步于1862年,来自法国西南部地区的路易·厄内斯特·拉杜丽(Louis-Ernest Ladurée)在巴黎的玛德琳地区开设了一家面包房。当时的玛德琳地区已经开始吸引各商家驻扎,而来自法国各个地区的顶级匠人们也逐渐来到这里安家落户。

然而1871年,就在奥斯曼男爵公布新的城市规划、开始全面改造巴黎时,路易·厄内斯特的面包房发生了一场火灾。趁改造被火烧掉的卖场之际,路易·厄内斯特干脆把原来的面包房转型成甜品店,又请来当时久负盛名的招

(上)玛德琳地区的拉杜丽总店是巴黎历史最悠久的沙龙之一。

(下)位于6区的波拿巴店。单是看见这漆成优雅淡绿色的外观,也会让人联想到甜美的马卡龙。

贴画画家朱尔斯·谢雷特负责店铺的内部装潢。朱尔斯从米开朗基罗的西斯廷教堂天顶画获得了大量灵感,将拉杜丽卖场的天花板设计得如同西斯廷教堂一般美丽。天顶画中制作甜品的天使 L'ange patissier 胖嘟嘟的样子十分可爱,这一形象也被应用到所有拉杜丽产品的外包装上,成为这个品牌的象征。

那个年代正是巴黎咖啡文化急剧发展的时期,玛德琳地区的咖啡馆为区别于其他地区,都力求实现高端定位,

定期变换的橱窗主题很具有观赏性。这是 2010 年配合当时上映的电影《爱丽丝梦游仙境》的橱窗。

这里虽因马卡龙而出名，但气氛融洽的沙龙也不容错过。品尝咖啡、香茗和甜品又是另外一种乐趣。

逐渐成为巴黎上流社会的文化集散地。特别是忙于准备万国博览会的巴黎市民，在餐厅与咖啡馆见面的次数更加频繁，女性们也开始积极追随这样的变化，接触新人群的意愿更加强烈，小型聚会和沙龙开始流行。

当时，拉杜丽的创始人路易·厄内斯特的未婚妻珍妮·叙沙尔想出了一个与时代特点相结合的方式，即把咖啡馆与甜品店合二为一。于是出现了一家最初的 Salon de the（法国高端咖啡馆），可以喝咖啡、饮茶、品尝甜点。这种形式的最大好处在于，与传统咖啡馆不同，女性可以随心所欲地参与进来，创造只属于自己的对话与休闲空间。

可以体验到19世纪末的巴黎沙龙氛围的拉杜丽总店王宫店的内部装潢。

现在的社长大卫·霍尔德（David Holder）因为迷恋拉杜丽的沙龙氛围，在1993年与他的父亲共同接手了这家承载了法国沙龙历史的店铺，并决心实现扩张。1997年，开设在香榭丽舍大街上的第二家拉杜丽包括大理石装饰在内，所有的家具全部重现了19世纪末期的沙龙场景。之后的两家店铺也采用了同样的装饰。如此风格让拉杜丽成为了"法国艺术空间"的象征，也正是这一点吸引了众多渴望体验巴黎独特甜蜜味道的人。

拉杜丽得以拥有今天的显赫成绩，一等功臣是这里的代表产品马卡龙。拉杜丽的马卡龙自20世纪中半期被皮埃尔·德斯方特尼斯（Pierre Desfontaines）开发出以来，至今都没有改变过配方。生面团全部用杏仁粉、鸡蛋、白糖按精确比例混合，外皮烤制完成、注入夹心后要静置48小时。达到这个时间后，呈现的味道与质感才会恰到好处。

拉杜丽的马卡龙外皮酥脆、夹心软糯，有香草、咖啡、巧克力、开心果、玫瑰甘草等12种口味，常年销售，另外也有只在夏天或冬天销售的季节限定品。季节限定

橱窗装饰风格也会体现在各季限定版产品中，对消费者来说也是一大诱惑。

品包括椰子、薄荷、栗子、杏仁等季节特征明显的口味，另外每个季节都会开发不同于以往的全新口味的马卡龙，以此表示对马卡龙发明者皮埃尔·德斯方特尼斯的敬意。

新口味的开发往往需要几位面点师的通力合作，不仅在味道上，颜色上也要花费大量心思，因为色彩是决定马卡龙价值与魅力的重要因素。产品开发的重点在于维护好拉杜丽本来形象的同时又能带给顾客惊喜，如果在口感和外观上再能做到提升则更能加分。

每个品牌都有自己的代表色系。拉杜丽的代表色是独有的崧蓝绿与金色组合，这两种颜色组合在一起的高贵奢华感最能体现法兰西的味道与风情。有趣的是，这两种颜色也是生性追求奢靡的玛丽亚·安东尼娅的最爱，同时被一些喜欢标榜古典法兰西高贵感的商家们所钟爱。

作为赠礼首选,外观甜美的马卡龙的历史几乎可以视作拉杜丽的历史。

2006年由索菲亚·科波拉导演的电影《绝代艳后》，在表现法国大革命前凡尔赛宫殿内皇室们的奢靡生活时运用了各种华贵的粉蜡笔色调，特别是前半部内容中出现了马卡龙等诸多甜品。这些剧中的全部出自拉杜丽。

实际上，索菲亚·科波拉导演自己就是拉杜丽的常客，尤其喜欢这里的马卡龙，而马卡龙也是拉杜丽的最具人气商品。另外，曾在《绝代艳后》中登场的粉红色蛋糕"玛丽皇后"也颇受大众欢迎。还有面团上用小泡芙和奶油装点的圣多诺黑醍泡芙（Le Saint-Honoré）、用奶油冻填充的雪人形状的修女泡芙（La Religieuse a la Rose）等都具有不俗的人气。

在听过纳斯塔西亚女士的详细描述后，我问她，就个人而言有没有最喜欢的产品。她回答说，很难进行选择，但如果非选出一种，那一定是拉杜丽之吻（Baiser Ladurée）。掺杂着杏仁碎的软饼干上是一层虞美人花香味的奶油和撒了糖霜的草莓，奶油上有一枚鲜红的花瓣代表唇印，很容易给人留下深刻印象。后来，我分别挑选了一小盒马卡龙和巧克力泡芙，相信这份甜蜜的马卡龙和巧克力会在今天下午带给我幸福。

附近景点

玛德莲教堂（Église de la Madeleine）

原本是为纪念拿破仑的丰功伟绩而修建，但后来该功能由凯旋门取代，这里就成了一座教堂。教堂建筑设计有希腊神殿的风格，很有视觉冲击感，其内部的各种浮雕非常有名。教堂附近是曾经处决路易十六和玛丽亚·安东尼娅的协和广场。

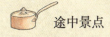

途中景点

超级流行的酱料品牌

马利（*Maille*）
depuis 1747

  从地铁玛德琳站通往拉杜丽的路上，有一家始建于18世纪后半期的芥末酱料专门店。这里最初以芥末、食醋专卖起家，经过飞速发展后，于1760年开始供应奥地利和匈牙利王室，进而发展成法国与俄罗斯王室的供应商。创始人安托万的儿子与他的后继之人将生产工艺延续至今，历经260余年后，现在已拥有500余种芥末、食醋和酱料类商品，享有法国芥末与食醋制造专卖店的最高声誉。

– 6 Palace de la Madeleine 75008 Paris
– Métro 8，12，14号线 Madeleine
– tél 33.[0]1.40.15.06.00
– www.maille.com
– 周一至周五 9：00~19：00

凝聚了巴黎人甜蜜回忆的蜂蜜商店

蜂蜜之家（*La Maison du Miel*）
depuis 1898

　　巴黎的玛德琳广场周边散布着多家法国著名食品店，比如馥颂（Fauchon）、黑蒂雅（Hediard）、红茶专门店玛丽亚乔（Mariage Frères）等，离这里不远还有一家巴黎最悠久的蜂蜜商店——蜂蜜之家。在白糖被普及之前的很长一段时间内，法国人民将蜂蜜作为一种高端甜味品，对蜂蜜品牌的选择也十分讲究。

– 24, rueVignon 75009 Paris
– Métro 8, 12, 14 号线 Madeleine
– tél 33.[0]1.47.42.26.70
– www.maisondumiel.com
– 周一至周六 9：30~19：00

小时候我经常患感冒，有一点点不舒服就装作很难受的样子逃避上学。虽然更多时候是被妈妈骂过后仍然乖乖爬起来去学校，但偶尔也会因发高烧或咳嗽严重实在没法出门。每当这时，最常喝的就是蜂蜜水。妈妈边训斥我又偷懒装病，边在一杯温水中放上满满一大勺蜂蜜，调出一杯甘甜的蜂蜜水给我。所以直到今天，每每有感冒迹象时，我都会自然想起童年时蜂蜜的味道。

一杯蜂蜜水的重点在于蜜的味道与它的药用价值。除此之外，蜂蜜也常作为调味品使用，藏在主要食材背后，为食物添香。除夕当天，刚从磨坊中端出来的热腾腾的条形打糕蘸着蜜吃，一口下去软糯香甜，那才是年的味道。

蜂蜜之家算得上是巴黎历史最悠久的蜂蜜专卖店，说它就是巴黎蜂蜜商店的历史也不为过。法语中"La Maison du Miel"就是"蜂蜜商店"的意思。店铺在 2006 年曾经做过翻新，单从它散发现代气息的外部装修风格看来，很难相信这是一家老店。不过一进入卖场，从地板正中央用马赛克

2006年大规模翻新后变身为现代风格的蜂蜜之家。

铺成的蜜蜂图案中，还是能嗅到几分悠远的历史味道。如此看来，应该是主人想重新装修店铺，但同时又不想抹去上百年的历史痕迹，所以才保留了地板上的蜜蜂图案。

1898年，蜂蜜之家在黎塞留路上首次开业，又于1905年搬到现在的位置。

创始人查尔斯·加兰（Charles Galland）将自己从法国各地区筛选出的产品列成清单，依照清单上的商品名录开设了蜂蜜之家。由于他一手挑选出的产品实在优质，深受当时巴黎市民的欢迎，所以当时清单上的所有产品都被贴上了"查尔斯加兰的选择"的标签，直到现在仍然有售。也就是说，一百年以来，这里一直销售同样的商品。

蜂蜜之家所有的产品都是养蜂专家严格选择养蜂地点

专用蜂蜜勺有多道沟壑，能轻松挂住蜂蜜。

地板上的蜜蜂在重新装修后依然保留着,向人们展现100年的岁月痕迹。

以及确定花的品种比例后由蜜蜂采集酿造的。目前在售的蜂蜜多达40余种,像槐花、薰衣草,虽然这些花名耳熟能详,但我却没有真正尝过其花蜜的味道;还有几种混合花蜜,单从名字上很难猜测会是什么味道。

在店里,若客人阐明用途,店员可以帮忙推荐。但由于每人喜好不同,还是建议亲自品尝后进行选择更为准确。

蜂蜜之家的40多种蜂蜜大概可分为四个系列。第一个系列属于单花蜜(La collection Miels de Toujours),是自1898年开店以来传承下来的传统蜂蜜,意为单一品种花朵酿出的蜜,种类也最为繁多,比如这里的销售冠军薰衣草蜜、向日葵花蜜、采自栗子树上的花香非常浓郁的栗花蜜、橘子蜜等，也是韩国人最喜欢的蜜。

第二个系列属于多花蜜（La collection Territoire de Miel），顾名思义是多种花蜜的混合。比如野草莓和栗子花的混合蜜叫阿尔代什，又名"春之蜜"；油菜花、樱花、蒲公英的混合蜜味道浓郁，名叫"加蒂奈"；还有野草莓、石楠花、栗子花、山楂花的组合叫"索洛涅"。

第三个系列属于进口蜜（La collection Un Monde de Miel），也就是产自国外的蜂蜜，主要指从挪威、加拿大、西班牙这些国家进口的蜂蜜。最后一个系列就叫"1898查尔斯加兰的选择"（La sélection Charles Galland 1898），即创始人查尔斯先生在1898年亲自甄选的蜂蜜清单，有散发清新果香的野草莓蜜、香气浓郁的香草蜜、温和淡爽的迷迭香蜜等7种。

蜂蜜之家卖场一侧有一个角落，专供顾客品尝各种蜂蜜的味道。有些蜂蜜厚重浓郁，有些则清淡含蓄，有些咀嚼起来似有细小颗粒，总之每种都有不同特点。采自不同花的蜜以及各种花蜜按不同比例混合都会呈现不同味道，虽然我之前也多少了解一些，但经历过实地品尝，内心还是有所震动。

在法国，人们喜欢用不同的蜂蜜搭配不同食材。比如早餐在水果挞上涂抹一层蜂蜜，咖啡里兑上一勺激发咖啡醇香的荞麦花蜜；白天喝茶时搭配柠檬蜜，晚上喝茶时搭

蜂蜜商店中出售从食品到化妆品等各式各样的蜂蜜制品。图为店内销售的香皂、香水、饼干、蜡烛等。

配山楂蜜等。

　　在蜂蜜之家，除蜂蜜之外，还有添加了蜂蜜的蜂蜜糖、舒芙蕾、玛德琳等甜品，洗发水、香皂、牙膏等洗漱用品，爽肤水、乳液等护肤品以及各种健康食品等诸多蜂蜜加工制品。我尤其喜欢这里的手指蜂蜜糖，每次去必买。手指粗的硬糖外裹了一层粗砂糖外衣，里面是软软的加蒂奈蜂蜜夹心，味道十分美妙。

Plan

附近景点

老佛爷百货 & 巴黎春天（Galleries Lafayette & Galleries Printemps）

巴黎两大代表性百货商店，以其华丽外表以及悠久的历史与传统著称，相邻坐落于巴黎歌剧院大街。入驻两家商店的门槛极高，要求严苛，所以但凡里面能见到的几乎都是高端一线品牌。值得一提的是，巴黎春天里还配备韩文导览手册和韩国人专门事务部门，可见韩国人多钟爱在这里购物。

公爵夫人的小小巧克力箱子

糖果盒子（*La Bonbonnière*）
depuis 1925

　　公爵夫人在法语中叫迪雀丝（duchesse），而巴黎第9区代斯蒂安那多尔夫广场上的巧克力商店糖果盒子（La Bonbonniere）中就有一种巧克力叫迪雀丝。这种巧克力用百年不变的配方吸引着巴黎人，而味道也一如名字般华丽。我走在前往糖果小屋的路上，为迪雀丝而去，脑海中挥散不去的是公爵夫人端庄的容貌。

– 4，place d'Estienne d'Orves 75009 Paris
– Métro 12 号线 Trinité d'Estienne d'Orves
– tél 33.[0]1.48.74.23.38
– www.la-bonbonniere.com
– 周一至周六 9：30~20：30

巴黎9区,特里尼特教堂所在的代斯蒂安那多尔夫广场旁边有一家制造销售巧克力、甜点和果酱的商店,叫"糖果盒子"。店铺自1925年成立时就选址于此。法语中的(La Bonbonnière)在字典中的意思就是装糖果和饼干的小盒子,现在的古董市场中也能找到不少,是以前法国沙龙文化的代表元素之一。

糖果盒子中最有名的商品要数迪雀丝(Duchesse)巧克力。迪雀丝在法语中是公爵夫人之意,取一定浓度的巧克力奶油,在表面画出对称的层层Z字形曲线,看上去好似公爵夫人优雅盘起的长发,又好似柔软垂下的裙角。醇香的扁桃仁奶油与甘甜的奶油巧克力搭配在一起可谓天作之合,回味无穷。

迪雀丝是Bouchee的一种,而Bouchee是"一口一个"的意思,用来说明巧克力的大小。

现在糖果盒子的主人罗兰·马萨·安德鲁(Laurent Maza Andreu)已经是店铺第三代传人。继1925年圣三会首家卖场开业之后,他又在圣宝莱(Saint Honore)开设了第二家卖场。我所取材的地方就是最近开业的圣宝莱卖场。这里的负责人英迪拉·贝恩

糖果盒子的总店位于历史久远的圣三会教堂附近，外观朴素。踏入店门的刹那，一个华丽的巧克力世界便呈现在眼前。

Calissons
T1 100g 5,50€
T2 200g 11,00€

德斯女士也是安德鲁家族的一员。她同样恪守以家族为中心的经营体系，在弘扬传统配方的同时也不忘用心开发新产品。

店铺内部满溢着甜品与巧克力的味道。我刚刚落座，英迪拉女士便拿来带有咖啡香的牛奶甘那许让我品尝。与机器作业生产的巧克力不同，手工巧克力在放入口中的瞬间，浓郁的醇香立刻蔓延开来。看到我一副被惊艳到的表情，英迪拉女士笑着说，这是店里最有人气的一款甘那许。

店内销售的所有巧克力都由附近的一处研究制造室直接生产。当我问巧克力制作过程中最重要的是什么时，英迪拉女士回答说是食材，尤其可可豆的选择是重中之重。要大量生产品质卓越、风味独特的巧克力，必须找到上等品质的可可豆，其他辅助食材也要从法国最高匠人手中购得。

这里的产品种类非常丰富，且大多都卖得很好。如果非要列举出几种人气商品，应该是一口大小的甘那许与果仁巧克力（Parlinés）。尤以果仁巧克力更受人们欢迎，其制造工艺与迪雀丝大体相似，将核桃等坚果碾碎与巧克力混合后，表面浇上一层黑巧克力或牛奶巧克力外衣。

吃过几颗甘那许和果仁巧克力后，我才发现这里还有许多五颜六色的糖渍水果（Fruits Confits）和小糖果。糖渍水果是裹着糖衣的蜜饯，法国人喜爱用它来装饰蛋糕，或者作为零食和餐后甜点。这些糖渍水果中的上品大概要数

1、2_ 糖果盒子的人气商品，可作为零食的 Bouchee

3、4_ 法国传统糖果 Bonbons nus 和杏仁糖

包裹了巧克力外衣的糖渍橘子或糖渍柠檬。将橘肉切厚块，放入砂糖中熬上片刻，再将一半体积浸入巧克力液中裹上一层外衣，咬上一口，咯吱咯吱的砂糖口感与橘子香同黑巧克力完美融合，是一道不容错过的法国传统甜点。

这里除巧克力外还销售各种糖果。巧克力全部由自己手工制作，其他糖果类商品都是从法国其他地方挑选的最上乘产品。古法制造的硬糖、普罗旺斯艾克斯地区的嘉丽颂（Calisson）、水果冻、蜂蜜、果酱等，都拥有法国最顶级的品质。其中用古法制造的硬糖法语叫 Bonbons nus，没有特别包装，只是简单放在塑料容器或白铁皮桶中销售。糖果的味道也仍然保留以前的 4 种口味，分别是虞美人香、三色堇香、野草莓香和焦糖香。

糖果盒子中吸引我视线的另一产品是一种扁平的小饼干，将糖渍甜瓜和杏仁碾碎捣成糊状后裹上白色糖衣，再做成钻石的形状。这种小饼干在法国饼干店中随处可见，但我一直没机会尝试，很是好奇。它的名字叫嘉丽颂（Calisson），据说是 400 年前 17 世纪时

糖果小屋所使用的巧克力配方从创店初期一直延续下来，其中重中之重是使用品质最上乘的可可豆。

巴黎百年老店

法国贵族阶层偏爱的传统高级点心，也是普罗旺斯艾克斯地区的特产。

结束采访后，我为自己挑选了一包装有 12 颗甘那许和果仁巧克力的小礼物。拎着它走出店门，外面阳光灿烂耀眼，有一种从一个小小巧克力世界回到现实的错觉。

1、2、3_ 在糖果盒子，几乎可以找到法国所有糖果类食品。

4_ 糖果盒子采取以家族为中心的经营模式，现在的负责人英迪拉女士亦是该家族中的一员。

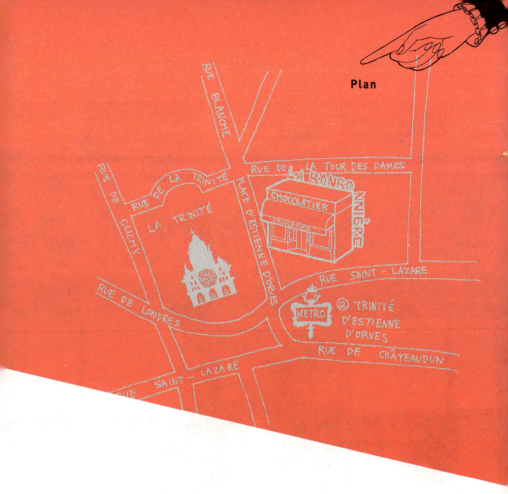

 附近景点

圣三会教堂（Église la Trinite）

圣三会教堂在巴黎众多历史悠久、外观华丽的建筑中非常著名。它建于 1867 年，是当时最著名的建筑师特奥多尔的作品，是一座混合了多种建筑风格的新文艺复兴风格建筑。内部庄严的彩绘玻璃是观赏重点。

美丽的她喜爱的秘密化妆水

德塔耶（*Detaille*）
depuis 1905

  每年在夏天渐入秋天的那段短暂时间里，只要稍微懈怠，皮肤就会出现问题，所以姑娘们通常会在这段时间里花费比平时更多的心思在皮肤上。爽肤水、乳液、精华、营养霜、补水霜等，一样也不能落下。不过这么多基础护肤品是谁开发的，巴黎最古老的化妆品商店又在哪里呢？当然巴黎有很多生产化妆品的大企业，但我想找的是老店铺。而说到老店铺，当属100年前创店、直至今日仍拥有众多拥趸的化妆品商店德塔耶。

- 10，rue Saint-Lazare 75009 Paris
- Métro 12号线 Notre-Dame de Lorette
- tél 33.[0]1.48.78.68.50
- www.detaille.com
- 周 二 至 周 六 10：00~13：00，14：00~19：00（8月闭店）

巴黎9区圣拉扎尔路的一个胡同内,临街的一栋住宅楼一层有一家名为"德塔耶"的巧克力色优雅小店。

这个名字让我联想到擅长战争、历史题材的著名画家爱德华·德塔耶(Jean Baptiste Édouard Detaille)。了解得知,果不其然两者有直接关系,德塔耶香水厂(Parfumerie)、化妆品、香水制造公司及商店是由爱德华·德塔耶的妻子普锐斯勒伯爵夫人创办并用夫家姓氏命名的。

进入卖场后,第一眼看到的就是一幅伯爵夫人的肖像画。这幅画是德塔耶的象征,以前的化妆品瓶子上也印有这幅画。我一边欣赏展柜上陈列的一排排精致的化妆品瓶,一边联想着从前巴黎贵妇人们小心翼翼地拨弄这些瓶瓶罐罐的场景。不过100年前,公爵夫人为什么要创办这样一家化妆品店呢?回答我这个问题的是店内一位帅气的店员科朗先生。

"德塔耶公爵夫人是法国最先拥有汽车的女性。她很喜欢驾车在市内或巴黎周边兜风,大概是当时最潇洒的女性了。不过

展柜上陈列的玻璃瓶,里面还装着100年前的化妆品。

1_ 作为德塔耶历史一部分的公爵夫人照片和德塔耶曾使用过的化妆品盒子。

2_ 德塔耶的最畅销商品之一"1905"香水。

3_ 德塔耶的发端，也是永恒的畅销商品"Baume Automobile"补水乳液。常态下分离为两层，使用之前要先摇晃使其混合。

在驾车时打开车窗，脸部皮肤常被风吹，加上长时间的日光照射，皮肤自然就变差了。

于是公爵夫人就找到了她在大学教药学与化学的朋友马赛兰·贝特罗（Pierre Eugène Marcellin Berthelot），把这个困扰告诉了他。而这位贝特罗就是后来法国的文化艺术部长和外交部长，是最具权威的知识分子。听了朋友的诉求，贝特罗马上开始了化妆品的研发。这也成了德塔耶的起源。"

为保护自己的皮肤，不惜惊动当时最权威的化学教授，可见公爵夫人当时的社会地位之高。

贝特罗教授受朋友之托研制的化妆品"Baume Automobile"补水乳液现在仍然是德塔耶最具人气的商品。早起洁面后涂一层乳液在脸上，直到晚上皮肤都能维持水润状态，性能极佳。

本是因为热爱驾驶汽车而广受社会关注的公爵夫人，又因托付朋友研制化妆品而再次成为社交界的热门话题。因为向她索要化妆品的人实在太多，后来她索性在圣拉扎尔路上开设了一家卖场。当时是 1905 年。之后德塔耶的名声传遍整个欧洲，如果翻出从前的账簿，可以看到保加利亚王妃、比利时王妃、印度皇后以及各国公爵夫人的大名赫然在列。

同样尊重传统制造方式的德塔耶后来也研发出新的护肤品、身体保养品、彩妆、精华油、香水等其他产品，在

公爵夫人的肖像画,直到现在看来也散发着优雅的气息。

实现产品多样化的同时也紧紧抓住了巴黎女性的心。尤其香水"1905"是与 Baume Automobile 齐名的最畅销商品,同时证实了德塔耶不仅在护肤品领域取得了成功,同时也是著名的香水品牌。

通常,品质优良的商品能够忽略岁月与流行,长久地被人们喜爱。若想了解法国化妆品的传统,可以来位于圣拉扎尔的优雅的德塔耶香水厂一探究竟。公爵夫人的秘密化妆品会带你回到 20 世纪初的巴黎。

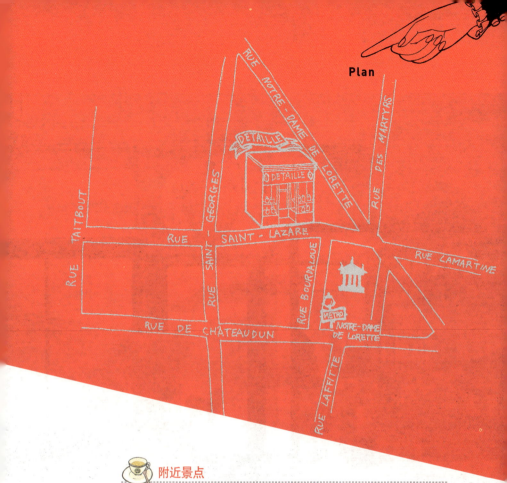

Plan

附近景点

居斯塔夫·莫罗博物馆（Musée Gustave Moreau）

居斯塔夫·莫罗博物馆隐蔽在拉罗什福柯街上，其主人居斯塔夫·莫罗是美术史上极其重要的人物。他将自己一生的作品搜集起来，于人生末年在家中进行展示，后来他的家也就成了博物馆。至今工作室还维持原样，墙壁上挂的都是莫罗的魔幻主义作品。总而言之，这里是欣赏莫罗作品的最佳地点。

巴黎美食家和艺术家钟爱的食品商店

家母甜点（*A La Mère De Famille*）
depuis 1761

  从食品商店起家，发展为糖果店，后又转型为巧克力商店，家母甜点向人们直观地呈现了法国食品商店如何成功转型为巧克力专卖店。这里已经经营了长达250年，如今仍然享有法国人民的最高赞誉。

– 33/35，rue du Faubourg Montmartre 75009 Paris
– Métro 7 号线 Le Peletier
– tél 33.[0]1.47.70.83.69
– www.lameredefamille.com
– 周一至周五 9：30~20：00

在巴黎寻觅晃荡了这么久,我越发觉得这里的老店实在太多了,而且大部分都在漫长的岁月里坚守着同一个位置、同一种配方,做自己专属的产品。

通往家母甜点的路是轻松愉悦的。世界上没有比甜腻的巧克力更具诱惑力的味道了。不过在家母甜点,却真的有另外一种诱惑存在,那就是巧克力工作室。工作室就位于卖场旁边,是一间巨大的全透明的玻璃工作间,工作间内帅气的巧克力师傅朱利安·马塞隆(Julien Merceron)在用心制作巧克力、糖果、蛋糕、杏仁酥等。有些客人为了品尝到当天新出炉的巧克力,甚至会风雨无阻地每天光顾。

从事食品销售的皮埃尔·让·伯纳德(Pierre Jean Bernard)最初创办家母甜点的时间是1761年。当时蒙马特地区的都市化进程非常迅速,早早在这里拥有一席之地的家母甜点和这座城市一起得以飞速成长。在此期间,皮埃尔将店铺传给了女婿让·马利·布里托。然而在这之后,让·马利·布里托离婚又再婚,没过多久就去世了。对于失去丈夫这一突如其来的重创,他的现任妻子马利·阿德莱德·布里托(Marie Adelaide Bridault)却连悲伤的时间都没有,不得不只身带着前夫留下的4个孩子接手卖场,全身心地投入到事业中去。而她与创始人伯纳德先生的家族原本没有一丝一缕的关系。所幸马利·阿德莱德拥有卓越

家母甜点的全景(上)和埋头在工作室的天才巧克力师傅朱利安(左)。喜欢空腹吃黑巧克力的店铺主人史蒂夫(右)。

的经营天赋,从她接手以后,家母甜点进入了黄金期,开启了真正的历史。

马利·阿德莱德经营店铺后不久的1810年,当时法国最高美食评论杂志《老饕年鉴》(Almanach des gourmands)中就用了整整一个篇幅来介绍家母甜点。在业界看来,年轻貌美的寡妇阿德莱德所经营的家母甜点不仅食物的品质出众,主人也温婉亲切、善解人意,因此受到了极高的赞誉。由此,家母甜点也一跃成为巴黎最高级的食品商店。

但是阿德莱德并没有满足于这一成绩。1850年,趁砂糖在法国得以全面普及之际,她干脆将正统的食品店转型为时下流行的糖果店。与此同时,又将店铺传给了一直在自己身边长大、亲眼见证店铺成长的儿子雯迪南·布里托。之后,雯迪南将店铺传给了自己的两个女儿,直到19世纪末由乔治·勒克尔(Georges Lecoeur)接手。至此,布里托家族的经营史便告一段落。

店铺的新经营者乔治·勒克尔更是一位具有优秀经营意识的人,他甚至开创了法国最初为店铺宣传印刷广告传单的先河。更幸运的是,家母甜点所在的地区后来成为巴黎节日庆典的中心,旁边新开了家叫"Folies-Bergere"的著名卡巴莱歌舞厅,这一带也开始成为年轻人聚集的场所。马奈(Manet Edouard)最著名的作品《女神的酒吧间》(A bar at foliesbergère)画的就是Folies-Bergere。

卖场旁边的工作室里每天都有新鲜的巧克力出炉(上)。家母甜点拥有如此悠长的历史,悠长到奶奶会将孙女抱在臂弯,给她讲自己小时候发生在这里的故事。这里无论过去与现在,都一样深受巴黎人的喜爱。

法国人最喜欢的糖浸橘子与各种传统面包

家母甜点的推荐巧克力——金圆巧克力。薄片状巧克力中间填充进橘子、草莓、焦糖的夹心，有非常美妙的味觉体验。

精通经营策略的乔治·勒克尔不放过任何一个机遇。他专注于产品的开发，重新制定了商品清单，为店铺引入了荷兰的糖果、中国的茶、新加坡的香蕉等来自世界各国的著名特产。在他的努力下，家母甜点一跃成为巴黎最繁华街道上的知名店铺。

但是，人们心中似乎永不衰落的家母甜点在第一、第二次世界大战中还是受到了重创。也恰逢此时，乔治先生过世了，生前他将这家店铺所有的东西都传给了他的弟子里吉斯·杜勒克斯（Régis Dreux）。因为战争夺走了太多资源，那段时间里，吉斯·杜勒克斯甚至难以维持店铺的正常经营。为了让家母甜点重回鼎盛，他可谓殚精竭虑。其实不仅是他，很多巴黎市民，尤其是美食家们都非常怀念这里的全盛时期。幸运的是，没过多久，家母甜点就开始复苏，在经历了漫长的成长后，又重新成为巴黎美食家和艺术家流连忘返之地。

后来，曾为食品商店的家母甜点成功转型为巴黎最好的巧克力工坊要归功于塞尔日·内沃。1985年起在这里工作的他勇于挑战家母甜点传统的经营方式，成功研发出自己认为最成功的巧克力，由此把家母甜点送上了巴黎最高巧克力工坊的宝座。

现在经营家母甜点的是斯蒂夫·多尔菲兄妹三人，还有他们的母亲。他们在2000年接手该店，为了不丢失历史的味道，仍然坚持原有的配方，同时也不忘尽心开发全新的产品。

"商店里那张母亲与4个孩子的广告插图好像画的就是我们，包括母亲和我的几个兄弟姐妹，但同时也是200年前失去丈夫、带着孩子在商界单打独斗的阿德莱德和她的子女。我家里也有4个兄弟姐妹，其中母亲和我们三个人在这里工作。"

从史蒂夫为还原店铺传统面貌而做的诸多工作中，我看到了巴黎人骨子里深刻的自我认同感和自豪感。

家母甜点肩负着一份沉重的使命感和自豪感，为喜爱它、拥护它的人们坚守着自己独有的传统。然而，它值得我们回味的却不仅仅是那段悠久的历史。为了让客人保持长久的新鲜感，店内每3周会更换橱窗的主题，展示应季商品，以满足顾客的多种需求。

为了追求卓越的口感和味道，家母甜点在开发上不惜

家母甜点的全貌。250年间这里虽然更换过主人，品质却保持了一如既往的优秀。

投入重金。根据产品特性不同，家母甜点设有3处生产工坊，以长期积累的经验与持续研究作为开发新产品的基础。卖场旁边的工坊负责生产饼干、冰淇淋和几种巧克力，杏仁饼和各种香味产品产自普罗旺斯艾克斯地区，剩下大部分巧克力产自图尔（Tours）的工坊。

史蒂夫先生说，他非常喜欢每天开店前卖场中弥漫的味道，也喜欢空腹吃店里的黑巧克力。我问他，巧克力和饼干的制作过程中最重要的是什么？他对我的问题露出了几分困惑的表情。

"这个问题很难回答。食材和配方都很重要，但我想更重要的应该是工作态度。不真心热爱巧克力的话是无法在这里长期工作的。"

也许这位史蒂夫先生与乔治先生一样，将家母甜点视为自己的梦想。由热爱历史与巧克力的他们来续写家母甜点的未来，是一件何其幸运的事！这里时刻保持着自己的最佳面貌，准备迎接不知何时再次来到巴黎的我和正在阅读这些文字的你们。

 附近景点

德鲁奥拍卖行(Drouot)

1852年成立的德鲁奥拍卖行是巴黎最大的拍卖行,主要交易各种艺术品与古董。从毕加索的高价画作到个人收藏的古董,应有尽有。部分拍卖会就算不参与竞买也允许进入参观。

 途中景点

巴黎的特色街道

天栅廊街（*passages couverts*）

　　天栅廊街（passages couverts de Paris）通常简称为廊街（passages），指的是贯穿巴黎几栋古老建筑之间的小巷，巷子的两旁坐落着各种商店。路的上方有玻璃遮盖，其中有些店铺自巷子存在时就已经在这里了。大部分天栅廊街在塞纳河右岸，也就是北岸，属于1860年巴黎扩张前的区域。这里很好地展现了19世纪前半期巴黎商圈的面貌。1850年左右，巴黎共有约150个天栅廊街；到了19世纪末期，法国其他城市甚至其他国家也开始效仿，所以世界各地可见到不少天栅廊街。后来奥斯曼男爵重新进行巴黎的城市规划，开辟了不少大路，所以大部分的天栅廊街已经被拆掉，现在能供游客参观游览的大约剩下25个。

全景廊街（*Passage des Panoramas*）

　　位于巴黎 2 区蒙马特大道（boulevard Montmartre）与圣马克街（Rue Saint-Marc）之间，已在 1974 年 7 月被指定为文化遗产。1799 年到 1800 年间竣工，当时入口处两个圆形的建筑上画有全景图画，故取名全景廊街，而这两栋圆形建筑已于 1831 年被拆除。1830 年修整期间，廊街内部开设了三家画廊；19 世纪之后，这里开始展出著名雕刻家的作品。之后，一些雕刻家和集邮商人开始向这里聚集，随之陆续有餐厅以及诸多商家入驻，慢慢发展成现在的样子。

茹弗鲁瓦廊街（*Passage Jouffroy*）

位于巴黎9区蒙马特大道和格朗热·巴特利尔路（Rue de la Grange-Batelière）之间的廊街，1845年为延长全景廊街而建。茹弗鲁瓦的名字取自修建这里的茹弗鲁瓦伯爵。自完工时起一直人气很旺，因为当时主要报刊《莱戈鲁瓦》（Le Gaulois）的创办者亚瑟·梅耶（Arthur Meyer）和著名讽刺画画家阿尔弗雷德·格雷万（Alfred Grévin）合作的蜡像展馆就在这里。当时的蜡像展馆就是现在的格雷万蜡像博物馆（Musée Grévin）。除装饰品外，这里的所有建材只采用了铁材和玻璃，为人们呈现了19世纪的技术发展状况。

韦尔多廊街（Passage Verdeau）

　　始建于与茹弗鲁瓦廊街相近的 1874 年，与前面两个廊街相比，以前人们对这里的评价相对较低。不过后来古董拍卖行（Hôtel Drouot）选址于此，使这里慢慢成为了古董爱好者们的聚集地，随之吸引了大量古董商人，名声一直延续到现在。

黑白照片般凝结了时间的五金店

阿拉普罗维登斯（*A la Providence Quincaillerie Leclercq*）

depuis 1840

　　有一次，我去参加夏悠宫前特罗卡代罗广场上的巴黎古董沙龙展。那里聚集了众多知名古董商家，平日里只有在博物馆或古堡里才得以一见的物品纷纷出现于此。一些老门俨然历经风霜，开合起来却依然轻缓平滑，把手也依旧柔软圆润，似乎岁月只是为它增添了几分优雅。还有一些金属物件，其存在本身就是一种华丽的装饰美。在我看来，法国的古董家具之所以能被人们视为高档家具，也许并不是因为设计有多精美，而是因为久经岁月洗礼后，这些家具上的金属配饰依然性能如初，良好地维护了原有的设计风格。带着这种想法，我找到了这家有着近200年历史的五金店"阿拉普罗维登斯"。

– 151, rue du Faubourg Saint-Antoine
– Métro 8 号线 Ledru-Rollin
– tél 33.[0]1.43.43.06.41
– www.alaprovidence.fr
– 周二至周六 10：00~13：00/14：30~18：00

巴黎百年老店　**243**

巴黎11区是艺术品商店和工作室云集的地方，平时这里游客不多，较为安静。19世纪奥斯曼男爵重新规划巴黎时，虽有部分工作室受到影响，但大部分至今仍然保留着上百年前的原貌。我平时学习的工作室就在这个区域，所以在每天往来的路上，我发现了这家始于1840年、拥有不寻常名字的"阿拉普罗维登斯（A la Providence，意为祈求幸运）"五金店。

店铺门口挂着普通五金店的招牌，平时走过这里很容易错过。但如果稍微留意橱窗里的陈列品，就会发现这似乎并不是一家普通的五金店。挂着黑白老照片的橱窗里没有常见的钉子或锤子，取而代之的是雕琢精细的水晶把手和黄铜装饰。

推开写着勒克莱尔（Leclercq）的门走进店内，时间仿佛停滞了一般。这里所有的物品都来自100多年前。首先映入眼帘的是一面墙上满满的金属钥匙孔装饰。出于个人喜好，类似的物件我也曾在跳蚤市场或工艺品店买过一两只，但这面墙上的却显得精致灵巧得多，而且布满整整一面墙，我突然不知道眼睛该看哪里了。

"请问这位小姐要找些什么呢？"

这时主人走了过来。看来在我光顾着欣赏商品时，刚才跟主人聊天的客人已经办完事情离开了。

我提到自己在对一些老店进行采访，于是主人很热心

(上)复刻拿破仑一世到三世时期流行的钥匙孔装饰。

(下)原本简单的家具一旦配上华丽的把手，整个风格就变得不同了。

地给了我一张名片。我接过名片一看，竟然是一张黑白明信片，与橱窗中悬挂的照片一样。这张 1924 年拍摄的黑白照片中，主人夫妇和两名店员微笑着站在镜头中央，乍一看还以为是最近拍摄的照片，采用了黑白滤镜而已。不过，店铺招牌上使用的是 1920 年代流行的字体，商店前面的暖炉、橱窗中陈列的道具也是过去的，还有照片中路灯的模样与工艺也保留了原样，旁边的眼镜店在当年还是咖啡馆，看得出当年一杯咖啡售价 10 生丁，这些都是这张老照片中记载的真正历史。

"10 年前我才接手这家店铺，而当时它的历史已经有 150 年了。入口处的勒克莱尔（Leclercq）其实是以前店铺主人的名字，我的名字叫尼古拉。"

据温和的尼古拉大叔说，1840 年该店铺成立最初，附近是以高档家具制造而闻名的区域。所以当时这里聚满了与家具制造业相关的工作室，可以买到制造工艺流程中所需的任何物件。我本来还有些好奇为什么五金店会开在繁华街道的两侧，如此看来，原来是有其历史渊源的。

阿拉普罗维登斯最初主要制作家具上所需的各种铸件。随着家具巷子的复兴，这里的店铺实现了稳定经营；然而进入 20 世纪后，家具实现了批量化生产，这条繁华的家具巷子也走向衰退。最后，大部分店铺只得关门歇业，彻底消失。好在阿拉普罗维登斯一直专业生产路易十三世起直到 1930 年代各种装修风格配套的家具用青铜装饰、钥匙孔

这面墙上的装饰按时代先后顺序排列，从路易十四时期到 20 世纪初，直观地展现了装饰风格随时代的变化。在这里，大概能买到任何传统法国家具装饰相关的物件。

或把手等，在不断变革中努力维持至今。

以前阿拉普罗维登斯的产品全部由自己生产制造，不过最近由于需求减少，只好改变生产方式，交由第三方铸物工厂代工。凭借150多年的法国传统经营制造模式，阿拉普罗维登斯所生产的产品广受古董、仿古家具销售商、旧家具复原的工匠、高端家具制造工匠、室内装修设计师等法国装饰艺术领域专业人士的欢迎。除此之外，顾客中还有不少亲自修理家具、装修房屋的普通居民。就在刚才的采访过程中，有一位中年妇女就为了修理自己家中的旧家具，一直在用心翻看研究产品名录。

结束采访之际，我提议可否照几张照片，于是主人尼古拉随手取来好几种道具配合姿势。为了拍出更有趣的效果，他一会儿将落地灯放在旁边，一会儿又改到前面，还做出鬼脸般的表情。我被他逗得也开心起来。

1924年拍摄的照片（上）和现在的照片（下）。虽然过了90年，但看起来并没有多少改变。

虽然阿拉普罗维登斯看起来只是一家又小又旧的商店，但也许只有这里才称得上法国巴黎真正的装修品博物馆。有被岁月尘封的家具，还有承载着传统文化的小物件，人们在这里穿梭往来，寻找各自生活中的需要。

看过了阿拉普罗维登斯中这么多东西后，我想起了自己家中购于跳蚤市场的那件1940年代的信函保管箱，也许应该按照王妃玛丽·安托瓦内特的风格重新装饰一下，所以我要再次回到这里买一件黄铜的钥匙孔装饰。给了自己一个回来的理由，离去的脚步也变得轻快起来。

与店内的古朴商品风格迥异的老顽童尼古拉老先生。

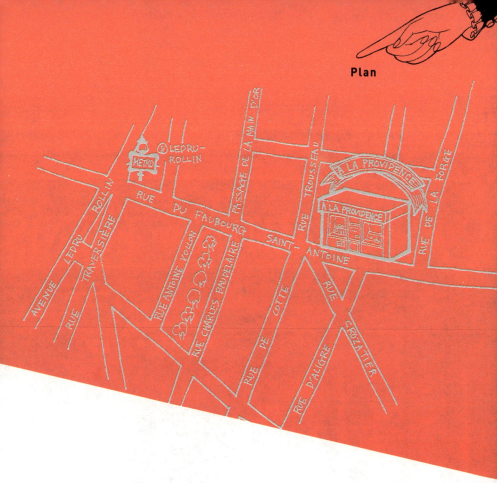

Plan

附近景点

巴士底歌剧院与巴士底广场（Opéa Bastille & Place de La Bastille）

这里曾经是法国大革命的主要舞台——巴士底监狱，现在已经改建成剧院和广场。广场中心是市民们为纪念1830年7月革命而自发修建的"七月柱"，柱子下面安置的是当时牺牲者的遗骸。

挽救逝去历史的工艺品修复工具店

拉韦迪尔（*Laverdure*）
depuis 1904

    关于我在法国学习的金箔复原技术，现今公认的最权威教材是1778年由华廷（Jean-Félix Watin）所写，直到现在，行业内也一直遵守当年的传统模式。平时我们在工作室主要学习的是如何将从跳蚤市场或拍卖会上买回来的旧物件尽可能恢复到原有状态，或者如何用新材料再现传统样式的设计，需要使用很多华廷的书中提到的工具。然而金箔复原并不是一种常见的技术，要在法国寻找书中的那些工具实属不易。幸而有老师告诉我，巴黎有一家专为工匠们而开的店"拉韦迪尔"。

– 58，rue Traversière 75012 Paris
– Métro 8号线 Ledru-Rollin
– tél 33.[0]1.43.43.38.85
– www.laverdure.fr
– 周一至周五 8：30~12：00/13：30~18：00；
  周六 8：30~12：00

如果问我最能体现法国文化与历史的观光地是哪里,我个人认为是巴黎的凡尔赛宫。因为它既是王权的象征,也是市民革命的发起地。凡尔赛宫经历过一场噩梦般的法国大革命浩劫,为民众换来了自由与平等,之后被空置了很久,现在人们正在努力还原它本来的面貌。目前还在修复中的凡尔赛宫只对游客部分开放,其中的"镜厅"(La galerie de Glaces)已经完成修复,于2007年再次对外开放。

总花费高达1200万欧元的镜厅修复工程耗时3年,投入人力100余名。过去这里常用于举办王室婚礼、接见外交使臣、举办私人聚会等活动,是彰显王室荣耀的地方,内有夏尔·勒布伦(Charles Le Brun)雄伟的天顶壁画、女人雕像上的金色烛台、镶嵌着巨大枝型水晶灯的长走廊……走廊一侧是能照射进阳光的拱形窗,另一侧是满满一面墙的镜子用来反射阳光,整体风格华丽到极致。若只看这一部分,其完美程度让人很难想象它曾经破败的样子。那么,复原的工作是如何进行的呢?

我在学习金箔复原技术时,对文化遗产的修复很感兴趣,所以看过一些讲述凡尔赛宫修复过程的书籍和相关资料。事实上,复原工程的工作量要远超我们的想象。每个房间除基本构架之外的地板、墙面、天花板等每一个部分都要仔细处理,修复被损坏的部分,去掉上面的污物,

正在进行天花板壁画修复工程的凡尔赛宫。

再将各部分归回原位。不仅是各种内部物件,从天花板壁画、各种美术作品到画框、窗框上的金箔、墙面上镶嵌的镜子等,不能有任何一处遗漏。

复原工艺并不是说要把物件修复得像全新的一般,而是在熟知当时的历史背景与制作工艺的前提下,将被损毁的物件最大限度地恢复至原有状态。这需要各领域工匠们的合作才能完成。

那么,这些工匠们的传统制作工艺是如何传承下来的呢?一个完整的修复工程除技术之外,还需要传统的材料和工具。在巴黎有一家商店能够解答大家所有的疑虑,这就是将凡尔赛宫殿、卢浮宫博物馆和众多工匠们视作顾客的艺术品修复工具销售商店——拉韦迪尔。

（上）店外的招牌形象地告诉大家，糨糊和清漆是拉韦迪尔的主要商品。

（下）最能把握工匠们挑剔喜好的拉韦迪尔。说全法国所有工匠都是这里的顾客也不为过。

位于巴黎 12 区一条平凡巷子里的绿色商店拉韦迪尔，店前挂着一块圆形的铁制招牌，上面写着"糨糊与清漆"（Colle & vernis）。这里也是巴黎传统艺术工匠们的专属空间。

这里的主人，也是店铺的第四代传人安妮·拉韦迪尔·扎农女士带我来到她的办公室。卖场到办公室的路不是一般的复杂。这座建筑的原始结构被保留的同时，空间上也被更加灵活合理地运用；而通往办公室的路，要经过走廊、台阶甚至庭院，仿佛迷宫一般。二层的办公室内坐着她的丈夫，也是生意合作伙伴，名叫让·飞利浦·扎农（Jean Philippe Zanone）。

据安妮所说，她的曾祖父路易·拉韦迪尔（Louis Laverdure）于 1904 年在现在的 Traversiere 大道上开设了一家清漆（Vernis）制造商店。清漆在当时是一种增亮剂，常被用在高端家具上。这里与前面介绍过的位于 11 区的阿拉普罗维登斯虽然隶属不同行政区域，实际地理位置却近在咫尺。因为这里曾经是高级家具的生产制造地。

早在 17 世纪中期，这里曾是日用杂货商人、颜料商人和清漆制造商的集散地。进入 19 世纪后，船只通过附近的巴士底狱进入巴黎，木材的运输变得更加便捷，于是这一带与木材相关的各个产业，尤其是家具制造专卖店开始增多。店铺创始人路易最初就是直接在这里开始制造清漆的，刚才我在来办公室的路上看到的一口大锅和火炉就是他当时制作清漆时使用过的工具。保留先辈的创业工具，坚守最初的创业精神，这份对传统和信仰的执著让我在讶异的同时也有几分感动。

以清漆制造商身份起家的拉韦迪尔现在是一家专业材料店，店内销售的商品多达 3500 余种，从各种清漆到体现法国传统技术或工艺品复原技术的精美艺术品应有尽有。

"我们不仅以产品数量多著称，品质在业界也享有上好的口碑。因为我们面对的主要客户是制造法国最高端家具的工匠和生产最高端弦乐的乐器制造商，连卢浮宫博物馆、奥尔赛博物馆、凡尔赛宫这些地方都是我们的客户。总的说来，都是画家、建筑师、设计师等各行各业的专家。为最高端的人群供货，自然需要我们拿出最高端的商品。"

从安娜的话语中，我听得出强烈的使命感与骄傲。

"我们把交易的持续性视作与品质同等重要的因素。由于我们所售商品的特殊性，一旦中断交易，很难在短期内寻找到相似的替代品，这样就会给客户的工程带来严重影响，我们的信誉也会受到冲击。所以我们在全世界的范围内都开发了供应商，合作对象多达 100 多个。"

我第一次来拉韦迪尔是为了买金箔工具，因为听说这里是巴黎现存最大的金箔工具商店。可令我惊讶的是，我认为它是金箔工具商店，但在各行各业的专家们眼里

店内的 3500 余种商品无法在拉韦迪尔有限的空间内一一陈列，所以有时会按客户的需求从仓库取过来。

1_ 创始人路易·拉韦迪尔先生当时制造清漆时使用的铜锅与火炉。因为制作工程中需要很高的温度，所以要选择热传导率较高的材质。

2_ 通向庭院的后门，从卖场到办公室需要经过这道门。

3、4_ 从全法国地区严格挑选的工具经过工匠们的手，即将交付完美的答卷。

它也是他们行业专属的工具商店。比如乐器制造者们坚称这里是专业乐器制造工具店，家具制造者们认为这里是专业家具制造工具店，同时文化遗产修复专家们又说这里是专业修复工具店，大家因为同样的目的不约而同地来到这里。

一开始听说这里的商品种类多达3500余种时，我并没有一个直观的概念；但知晓它的发展史后，我愈发觉得拉韦迪尔是一个无所不有的神奇地方。

"维护好传统生产方式和工具固然重要，但同时我们也在尝试研发制造更便利、更实用的工具。可惜使用传统技术的工匠越来越少，这个行业的商铺也都逐渐关门了。"

坚守着这些老店的人有一个共同的特征，就是并不单纯是为了赚钱。他们是一群将传统当做信仰的人。安妮亦是如此。

在传统工艺逐渐走向消亡的今天，也许很快我将再也买不到Colle de lapin（一种用兔皮做的黏合剂）。如果问我走访了这么多老店都有些什么收获，我想说，请大家珍惜眼前的存在。对于这些传统，不要等到失去时才想起追忆与惋惜，从现在开始，用我们的一己之力去维护与传承。如果能够保留下来则再好不过，就算有一天真的消失，我们也会少一份遗憾，至少自己努力坚守过。

金箔是法国艺术中体现华丽质感不可或缺的元素。图为金箔作业时所使用的传统工具。

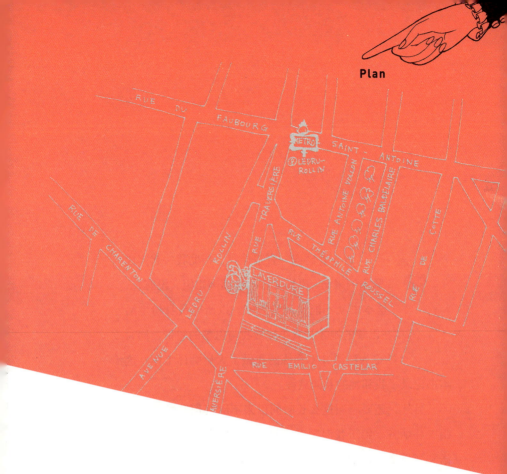

Plan

 附近景点

艺术高架桥（Viaduc des Arts）

从 Reuilly Diderot 站出来，沿着塞纳河的方向走，会看到一排红色的拱形石墙，这就是艺术高架桥。这里原本是一条铁道，现在桥的左侧已经改造为散步的小路，右边开发成一排商店。如同名字所反映的，这里集中了众多画家的工作室，是不错的游览地。

致谢

首先要感谢一直陪伴我,帮助我一起完成紧张的采访、摄影工作的金英闵姐姐。没有她,这本书就不能呈现给大家。以研究员身份生活在巴黎的她才是真正连接我与巴黎的纽带,同时她也为法语并不熟练的我做了大量翻译工作。这本书记录了我和她的共同旅程。

另外,还要感谢这么长时间以来不厌其烦照顾我们的姐夫朴炳齐、给予我温暖支持并推荐多家老店的师长布鲁诺和阿里尼、热情接待一张陌生的东方面孔并慷慨分享各自故事的二十一家店铺主人。最后尤其要感谢任何时候都无条件信任并支持我的父母,我爱你们。